ケアの時代

「負の感情」とのつき合い方

鎌田 東二

淡交社

目　次

第2章　まなざしの転換 ― キリスト教のメタノイア　25

第3章　こころの浄化法について ― 仏教のワザ　71

第1章

「負の感情」とケアの時代——日本人をつくる災難

1 こころとケア

二十一世紀もはじめの二十年がすぎました。二十世紀がおわりにさしかかるころ、世紀末的な暗くてすこし絶望的な危機的な気持ちと、もうすこし明るいひらかれた未来に期待する相反する気持ちが、ないまぜになっていたようにおもいます。そのころ、二十一世紀は「こころの世紀」「こころの時代」になるのではないかという言い方がなされていたことを記憶しています。

大局的にいえば、その予測はあるていどあたっていたということができます。たとえば、一九九五年におきた阪神淡路大震災と地下鉄サリン事件、一九九七年におきた神戸での連続児童殺傷事件、二〇〇一年のアメリカ同時多発テロ事件、二〇〇五年におきたJR福知山線の列車脱線事故、そして、二〇一一年におきた東日本大震災、その九年後の二〇二〇年にパンデミックとなった新型コロナウイルスCovid19の感染拡大など、これらの自然災害や事件や事故や疾病《しっぺい》の流行によって痛ましい事態がおこってきたとき、じっさいに、それによって傷ついた「こころ」をどうするか、それにどう向き合うかがくりかえしためされてきた現実があるからです。どうしてこれほどつぎつぎに痛ましい出来事がおこってくるのでしょう。その出来事を前にして、わたしたちの社会は、「こころのケア」「ターミナル（終末期）ケア」「緩和ケア」「グリーフケア」「スピリチュアルケア」「地域包括ケア」などなど、「ケア」とよばれる対し方や向き合い方を必要とし、それが社会の重要な一角に浮上してきました。それがこの三十年ほどの流れです。

たえられないほどつらい出来事に出会ったとき、ひとはどのようにしてそれをうけとめ、乗り越えていくことができるのでしょうか？　災害や事故や事件によってかけがえのない最愛のひとを亡くしたひとは、どのようにしてその喪失感をうけとめ、うめることができるのでしょうか？　なすすべなくとほうにくれてしまったとき、どのようにしてひとは立ち直っていくことができるのでしょうか？

かけがえがないものとは、とりかえることができない、それしかないものという意味です。唯一無比のもの。何物をもってしても代替できないもの。そうしたこころのそこから大切におもうもの（者・物）をうしなったとき、ひとはとりかえしのつかない痛みと悲哀を感ぜざるをえません。そして、じぶんではどうすることもできない、解決しようもないとおもわれる「負の感情」、たとえば怒りや悲しみや恨《うら》みや後悔のおもいにとりつかれて、なすすべなくぼうぜんと突っ立っているじぶんを見いだすばかりです。

じぶんじしんやまわりのひとびとのことをみわたしてみると、つぎからつぎにこうしたつらく悲しい出来事がおこっています。もちろん、人生にはさまざまな喜びや楽しみもあり、それがひとを元気にさせたり、ポジティブに前をむいて生きていくちからをあたえてくれたりすることはありますが、しかしやはり道を見うしない、生きるちからをすっかりなくしてしまうほどの出来事にも遭遇することがあるのです。なぜそうした事態がうまれてくるかについて、いろいろな観点から説明されても、それだけで問題が解決されたことにはなりません。じぶんのなかにうごめき、じぶんを苦しめる「負の感情」をもてあましているリアルなこころをまのあたりにするしかない。そんな素の、等身大のじぶんに気づかざるをえません。理性ではこれではだめだ、なんとかしなければとおもっても、そのようにおもえばおもうほど、理性と感情とのぶつかりあいやせめぎあいがおこって、どうすることもできない、みうごきがとれない事態に直面します。認めたくなくても認めざるをえない、じぶんじしんの苦しみ痛んでいるなまのすがたがあるわけです。

じつは、宗教や芸術は、このような、どうしようもない痛みや悲しみや怒りや憎しみや喪失感などのさまざまな「負の感情」に、ある解放（開放）のいとぐちや処方をもたらすものとしてうまれてきたという面があります。宗教と芸術はまさしく人類が苦しみや悲しみや痛みに立ち向かってきた「ケア」の集積であり痕跡《こんせき》であるといえるでしょう。人間世界のなかで生起する苦しみや痛みを見つめ、うけとめ、ほどくいとぐちとちからをあたえるものとして、芸術や宗教がうまれてきたともいえるのです。どうじに、この「負の感情」をうけとめることによって、じぶんじしんでもおもいがけない次元に飛躍して、前よりも創造的な活動や仕事をしていくこともまれではありません。

それでは、そのような転換、シフトはどのようにしておこるのでしょうか？　またこうした「負の感情」はただ避けるべき、否定すべき感情や経験にすぎないのでしょうか？　「負の感情」がもたらすポジティブな、創造的な側面はないのか、などについても慎重に考えていくひつようがあります。それらのことはだんだんととりあげていくことにして、ここでわたしじしんが経験した喪失の出来事をのべることで、みなさまごじしんのことをふりかえってみるきっかけにしていただきたいとおもいます。

2 ― わたしじしんのふりかえり

わたしは二十歳のころ、突然、家をうしないました。一九七〇年代のはじめに、徳島県下で集中豪雨があって、県下で一軒だけ山崩れで家が呑み込まれてしまいました。それがわが家だったのです。夜の七時ごろだったようですが、母はひとり家のなかにいて、息子と娘の帰りを待っていました。長男の息子（わたしにとっては兄）は妹（わたしにとっては姉）を迎えに最寄りの駅までいっていました。そして、帰ってきたふたりは、山津波に呑み込まれたじぶんの家と、その前でどしゃ降りの雨に打たれながら茫然と突っ立っている母親を目撃したのです。

裏山がゴーッという不気味な音を出したとき、母はあわてて着の身着のまま、くつも履かず、裸足で外に飛び出しました。その後ろから一挙に崩れ落ちた裏山が、あっというまに家を呑み込んでしまったのです。その瞬時の判断と行動がなかったら、まちがいなく母は山崩れに呑み込まれ、倒壊した家屋の下敷きになっていたでしょう。

想定外の出来事とはこのことです。それまで近所で、このような山崩れがあったことは耳にしたことがありません。隣の家とはわずかに数メートルしか離れていません。しかし、運悪くなのか、なんなのか、徳島県下でたった一軒だけ、わが家が山崩れにおしつぶされ、わたしたちはその日から住む家をなくしてしまったのでした。

これは、若いころにわたしの家族が体験した出来事ですが、人生にはおもいがけないことがままおこるものです。

その数年前、ある朝起きると、突然、父が死んだことを知らされました。交通事故で救急搬送されたのですが、徳島大学病院に着く前に息を引き取ったと聞きました。死の前日までとても元気で、やさしかったりこわかったりした父親でしたが、ある朝突然、いなくなったのです。その日からわたしは交通遺児で母子家庭の子ということになりました。中学三年生がおわるころのことでした。

そのほかにもいろいろな出来事があって書ききれないほどですが、たまたまこのようなこともあって、わたしじしん、思いがけない「負の出来事」や、それによって生起してくる「負の感情」についていやおうなく向き合う経験をもつことになりました。もちろん、そのような経験を望んでいたわけではありません。けれども、望まなくても、アクシデントやハプニングはままおこるものです。人生には不条理や不合理だとおもえることがいっぱいおこってきますから。

そこで、このような経験を通して、わたしは「逆境に強い生き方」ということを考えるようになりました。そして、「逆境に強い生き方」をしているひとに関心をもち、そのひとのことをよく観察するようになりました。その結論は、「逆境に強いひと」は自分の弱さやはかなさをよく知り、それをしっかりうけとめながらも、それに押しつぶされない強靭《きょうじん》な信念や柔軟性をもっているというものでした。最近よく使われることばでいえば、「逆境に強いひと」は「レジリエンス」（自己回復力）をもっているということになるでしょうか。そして、「逆境に強いひと」は「負の感情」にたいするつき合い方がうまい、ということでした。

それでは、「負の感情」とのつき合い方がうまいとは、どのようなことなのでしょうか？　それはまず、その感情から逃げずに見つめることができなければなりません。人は見たくないものをあるていど見ないですむこともできます。こころの奥底にしまい込む。むりやり忘れる。封印する。そのようなことがうまくできるかどうかは別にして、それに蓋《ふた》をすることがあるていどできるとおもいます。

それにたいして、負の感情を封印するのではなく、むしろそれをばねにして飛躍する。跳ね返すのではなく、逆手にとるというか、それを糧にしてたくましく生きることができれば、「負の感情」も「逆境」もそのひとのちからになります。

3 ― 寺田寅彦の「災難論」

寺田寅彦《てらだとらひこ》（一八七八〜一九三五）という有名な物理学者がいます。かれは夏目漱石の高弟で、『吾輩は猫である』の理学士・水島寒月のモデルになったひとといわれています。東京帝国大学教授や理化学研究所の研究員もつとめました。また、だれもがよくしっている「天災は忘れたころにやってくる」ということをいったひととされていますが、じっさいにはおなじ文言はかれの書いたもののなかに見あたりません。でも、そのような意味のことをいっていたことはたしかです。

その寺田寅彦が昭和十年（一九三五）に『中央公論』という雑誌に「災害雑考」と題するエッセイを書いています。それは、自然災害や新型コロナウイルスの感染症に苦しんでいる現代人が読んでもたいへん参考になるものです。そしてそれは、日本が「災害大国」であるがゆえに、その「災害」とつき合いながらどのような工夫をし、知恵をはぐくんできたかをとてもうまくえがきだしています。

> 平生《へいぜい》地震の研究に関係している人間の目から見ると、日本の国土全体が一つのつり橋の上にかかっているようなもので、しかも、そのつり橋の鋼索《こうさく》があすにも断たれるかもしれないというかなりな可能性を前に控えているような気がしないわけには行かない。

冒頭のほうで、寺田は地震を研究している物理学者の観点からすると、日本の国土はその全体がつり橋のうえにかかっているような、とてもデンジャラスでリスキーなところなのだといっています。だからこそ、そのリスクや災害・災難のくりかえしが、このような日本人や日本文化を生みだしたのであって、災害・災難がなかったら、日本人はこのようにはなっていなかったと断言しています。

寺田がそのようないい方をしたのは、ちょうどそのころ、箱根のつり橋が切れて、滋賀県立大垣高等女学校の生徒七十名ほどが落下して重軽傷をおう大事故がおこったからで、それをふまえて日本という国のリスク管理に注意をうながし警鐘をならす論考を発表したというわけです。そして、「だれの責任であるとか、ないとかいうあとの祭りのとがめ立てを開き直って子細らしくするよりももっともっとだいじなことは、今後いかにしてそういう災難を少なくするかを慎重に攻《こう》究《きゅう》することであろうと思われる」とのべ、事故の責任を問うことよりももっと大事なことは、その原因を徹底的に究明して二度とおなじような事故をくりかえさないことであるとのべています。そのためには、「つり橋のどの鋼索のどのへんが第一に切れて、それから、どういう順序で他の部分が破壊したかという事故の物的経過を災害の現場について詳しく調べ、その結果を参考して次の設計の改善に資するのが何よりもいちばんたいせつ」と、たいへんていねいに原因解明とこんごの改善策や対処法の策定の必要を説いています。

寺田がこのエッセイでのべる災害・災難論の要点をつぎの四点にまとめることができます。

①人類の歴史は「災難の歴史」であった。
②日本人を日本人たらしめたのは「神代《かみよ》」からの「災難教育」であった。
③災難には「進化論的意義」と「優生学的意義」があった（災難をきりぬけ生きのびたものがいのちをつなぐことができたという当時の生物学での理解）。
④楽観的な科学的災害防止論や対策は疑わしい（科学的予測や防止をいくらしても災害を減らすことはできない。それをこえる災害がおこってくる）。

これをこの本のテーマにかさねてみると、どういうことがいえるでしょうか？

①人類の歴史は、「負の感情とのつき合いの歴史」であった。
②日本人を日本人たらしめたのは「神代」からの「負の感情とのつき合い方」とその経験であった。
③「負の感情」とうまくつき合うことで、いのちをつなぐことができる。
④楽観的な科学的「負の感情処理（制御）」論や対策は疑わしい。

たぶん、寺田の災害・災難論を負の感情論にスライドさせても、それほど的はずれではないでしょう。たとえば、江戸時代のひとびとは、地震は日本列島の下にいるナマズが動いて引きおこされる現象だという民間信仰をもっていました。そして、そのような「地震」はナマズによって引きおこされる現象ではあるが、同時にそれは「地新」でもあって、「世直し」のきっかけとなるものだとポジティブにとらえたのです。「地震《じしん》は地新《じしん》だ」と自信をもっていえる心性こそ、しなやかなレジリエンス（自己回復力）をもつこころだといえるのではないでしょうか？
長くなりますが、たいへん参考になるので、「災害雑考」のなかの文章を引用してみます。

　もしもこのように災難の普遍性恒久性が事実であり天然の方則であるとすると、われわれは「災難の進化論的意義」といったような問題に行き当たらないわけには行かなくなる。平たく言えば、われわれ人間はこうした災難に養いはぐくまれて育って来たものであって、ちょうど野菜や鳥獣魚肉を食って育って来たと同じように災難を食って生き残って来た種族であって、野菜や肉類が無くなれば死滅しなければならないように、災難が無くなったらたちまち「災難饑餓《きが》」のために死滅すべき運命におかれているのではないかという変わった心配も起こし得られるのではないか。古いシナ人の言葉で「艱難汝《かんなんなんじ》を玉《たま》にす」といったような言い草があったようであるが、これは進化論以前のものである。植物でも少しいじめないと花実をつけないものが多いし、ぞうり虫パラメキウムなどでもあまり天下泰平だと分裂生殖が終息して死滅するが、汽車にでものせて少しゆさぶってやると復活する。このように、虐待は繁盛のホルモン、災難は生命の醸母《こうぼ》であるとすれば、地震も結構、台風も歓迎、戦争も悪疫も礼賛に値するのかもしれない。

　日本の国土などもこの点では相当恵まれているほうかもしれない。うまいぐあいに世界的に有名なタイフーンのいつも通る道筋に並行して島弧が長く延長しているので、たいていの台風はひっかかるような仕掛けにできている。また大陸塊の縁辺のちぎれの上に乗っかって前には深い海溝《かいこう》を控えているおかげで、地震や火山の多いことはまず世界じゅうの大概の地方にひけは取らないつもりである。（…中略…）日本人を日本人にしたのは実は学校でも文部省でもなくて、神代から今日まで根気よく続けられて来たこの災難教育であったかもしれない。

もしそうだとすれば、科学の力をかりて災難の防止を企て、このせっかくの教育の効果をいくぶんでも減殺しようとするのは考えものであるかもしれないが、幸か不幸か今のところまずその心配はなさそうである。いくら科学者が防止法を発見しても、政府はそのままにそれを採用実行することが決してできないように、また一般民衆はいっこうそんな事には頓着《とんちゃく》しないように、ちゃんと世の中ができているらしく見えるからである。（寺田寅彦『天災と国防』講談社学術文庫、五〇〜五二頁、二〇一一年）

「日本人を日本人にしたのは実は学校でも文部省でもなくて、神代から今日まで根気よく続けられて来たこの災難教育であった」といっているのは、いまの文部科学省や国土交通省の役人のみなさんにもよくよくあじわってほしい文言ですね。これを東京帝国大学教授や理化学研究所の著名な研究員がいったのですから、とても勇気と反骨心があるものだと感心します。さすがは反骨心のかたまりであった夏目漱石の高弟ですね。あっぱれ、です。

ここで、寺田寅彦が「艱難汝を玉にす」という中国のことわざを引いていることに注意したいものです。ちょっとちがいますが、「若いときの苦労は買ってでもしろ」とか「かわいい子には旅をさせろ」とか「失敗は成功のもと」とか「禍《わざわい》を転じて福と為《な》す」という日本のことわざも似たところがあります。英語では、〝Adversity makes a man wise.〟といういい方があります。Adversity

とは「逆境・困難・災難・不運・不幸な出来事」を意味します。ですから、その意味は、「逆境はひとをきたえ、かしこくする」ということになります。まさに「艱難汝を玉にす」と共通のことわざではないでしょうか。

　このようなものの見方のさまざまな事例や考え方や処方を考えてみることで、自然災害が頻発し、新型コロナウイルスによる感染症などもあって、多死時代をむかえているこの時代の生きるちからのほりおこしをしてみたいとおもうのです。そして、それをヒントに、よりよい生き方、納得のいく生き方や死の迎え方をしてほしいとねがわずにはいられません。もちろん、じぶんじしんがどのような死に方をするか予測はできませんが、死を前にしてすこしでもたじろがないこころのセルフケアができればさいわいです。しかし、たとえ失敗しても、「失敗は成功の基《もと》」と笑いとばしてつぎの生に向かっていくことのできるような気力・胆力はもちたいものです。

相談「自然災害が多発し、感染症が大流行しているいま、どのような対策や準備をすればよいのでしょうか」

　二〇一四年九月二十七日、木曽御嶽山《おんたけさん》が噴火し五十八名の方が亡くなりました。戦後最大の火山による犠牲者数です。このとき、ある新聞に、「美しい神々しい信仰の山が突如、牙《きば》をむいた」、「大量の火山灰が頂上付近にいた人々に襲いかかった」という記事が出ました。しかし、美しく神々しい山がべつに〝牙をむいて襲いかかった〟わけではありません。自然はそのような意図をもってひとびとを攻撃しているわけではないからです。問題は、そこにたまたまひとびとがいて、いまのようなくらしぶりをしているときに、大きな被害がでることがあるということです。

さきに引用した寺田寅彦の「災害雑考」に、「地震の現象」と「地震による災害」とは区別して考えなければならないとしるされていますが、「火山噴火の現象」と「火山噴火による災害」とはちがいます。自然現象とそれがもたらす災害とは次元がことなるのです。自然現象を止めることはできませんが、自然現象がもたらす災害をへらすことはできなくありません。このふたつのちがいをふまえて、寺田寅彦は自然から学び、自然の特性をよくしり、そのことを忘れずに備えをする意義をねっしんに説きました。そして、そのような対応や対策や工夫が人類を進化させてきたのだと主張しました。

もっともたいせつなことは、ふだんから自然現象をよくしること、よく観察することです。そしてその自然のいとなみのなかで、人間の小ささや多様ないのちのありがたさやつながりを大きな観点から具体的にとらえて、そのなかでわたしたちがどのような位置にいるのかをしって、行動することです。なんといっても、デルフォイの神殿に掲げられた「汝自身を知れ（gnōthi seauton《グノーティ・セアウトン》）」と「身の程を知れ（分をわきまえよ、mēden agan《メーデン・アガン》）」という格言を肝に銘《めい》ずることです。つつしみぶかく、じぶんじしんの位置を確認するということがたいせつだということでしょう。

いちばん考えなければならないことは、山が「牙」を向いたとか、火山灰が「襲いかかった」

というい方のなかにしらずしらずのうちにひそんでいる「人間中心主義」的なものの考え方ではないでしょうか？　このような人間中心のものの考え方こそ自然の大きさにたいする畏怖《いふ》や畏敬《けい》のきもちを忘れたこころのようにおもいます。

一九九六年十月、伊豆大島の三原山《みはらやま》噴火十周年の催しで、大島町教育委員会主催の「『御神火《ごじんか》』と生きる――火山のコスモロジー」というシンポジウムや大野焼きフェスティバルを大島町の方がたに依頼されて友人たちと企画したことがあります。

伊豆大島では、三原山（御腹山とも書いたことがあるそうです）の噴火を「御神火」ととらえ、三原山を神の山として崇めてきました。根本には、そのような自然や生命への畏敬畏敬の念が必要だとおもいます。三原山の噴火を畏怖するこころのなかには、神の山の力にたいする感謝のおもいもこめられています。三原山の「御神火」とは、「ちはやぶる神」の人智を超えたふるまい、神聖エネルギーの顕現です。そのような「御神火」が深いところから島や海を活性化する大自然の活動であり循環であることをしって、「御神火」とともに生きる知恵と活力を、神社や祭りとして、三原山のふもとで生きる島民は生み出したのです。自然災害多発の時代に必要なのは、そのようなこころと知恵ではないでしょうか。

これは、たんなる精神論ではありません。むしろ、その逆に、フィジカルな観察と思考にもとづいた、噴火の多い島のなかで生きていくうえでひつようとされた具体的な経験智・生態智でした。噴火はたんに被害をもたらすだけではない。それはどうじに多くの恵みをもたらす。あらみたま（荒魂）はにぎみたま（和魂）とうらはらであり、どちらにも転化する。そのような、流動的にシフトしたり、スイッチしたり、チェンジしたりするようなものの見方を島びとは形成してきたといえるのではないでしょうか。

第2章

まなざしの転換——キリスト教のメタノイア

1 ーもののみかたを変えるとき

わたしはじぶんの生家を集中豪雨でうしなったころから、だんだんと宗教に関心をもつようになりました。十歳のころから『古事記』を読んだり、ギリシャ神話や聖書を読んだりしているようなちょっと変わった子どもでしたが、家をなくした夏にいっしんに読んでいた本はインドの古典でマハトマ・ガンディーの座右の書といわれた『バガヴァッド・ギーター』でした。

そのころどこまでそれを理解できたか、こころもとないかぎりですが、おぼえていることは、世界は戦乱にみちていること、その戦いの苦闘のなかで神々もひとびとも道をもとめ、救いをもとめ、解脱をもとめて生きぬこうとしていること、そしてその叙事詩に出てくるヴィシュヌ神の化身のクリシュナは横笛の名手でもあったことなどです。

わたしは毎朝、比叡山にむかって、法螺貝《ほらがい》や横笛や石笛など、三十種類ほどの民族楽器を奉奏するのですが、ヴィシュヌという神さまの持ち物が法螺貝であることと、その化身であるクリシュナが横笛（バンスリー）の名手であることはとても印象にのこるものでした。

『バガヴァッド・ギーター』を読んだあと、本格的に哲学や宗教の勉強に身を入れはじめ、弘法《こうぼう》大師《だいし》空海《くうかい》やドイツの神秘家のヤーコプ・ベーメの著作を読むようになりました。そしてどうじに、あらためてきちんと旧約聖書や新約聖書も読むことになりました。そして、読めば読むほど、キリスト教ほど神秘的な宗教はないとおもうようになり、いまでもその考えに変わりはありません。空海の真言宗も「密教」と呼ばれるくらいですから、とても神秘的なのですが、処女懐胎《しょじょかいたい》とか、神の独り子イエス・キリストとか、聖霊のはたらきとか、十字架上で極刑になって死んで三日後に復活するとか、キリスト教はじつに不思議な神秘的なものがたりをもっているのです。

そのキリスト教における神秘の実体化（神の言葉の受肉、incarnatio Verbi）でもあるイエスが神の国に入るために必要な過程として説いた「悔い改め」は、ギリシャ語訳聖書では「メタノイア（metanoia）」といいます。

『新約聖書』の第一福音書の「マタイによる福音書」第四章第十七節では、悪魔サタンによる三つの誘惑をしりぞけたあと、ガリラヤの地におもむいて、はじめて「福音」を説くのですが、その最初のことばがつぎのように「悔い改めよ」というメッセージだったのです。

> イエスは、ヨハネが捕《と》らえられたと聞き、ガリラヤに退《しりぞ》かれた。そして、ナザレを去って、ゼブルンとナフタリとの地方にある湖畔の町カファルナウムに来て住まわれた。こうして、預言者イザヤを通して言われたことが実現したのである。
>
> 「ゼブルンの地とナフタリの地
> 湖沿いの道、ヨルダン川の向こう
> 異邦人のガリラヤ

闇の中に住む民は
大いなる光を見た。
死の地、死の陰に住む人々に
光が昇った。」

その時から、イエスは、「悔い改めよ。天の国は近づいた」と言って、宣《の》べ伝え始められた。

（『聖書　聖書協会共同訳』日本聖書協会、二〇一八年）

「悔い改める」のギリシャ語は、「メタノエオー（metanoeo）」という動詞で、その名詞形が「メタノイア（metanoia）」になります。語源的にいえば、「メタ・ノエオー（後から考える・思い直す）」ということで、ようするに、「視点を変える」とか「考え方を変える」という意味です。

つまり、習慣化していたそれまでの思考方法を止めて、べつの見方をしてみるということです。欲望や願望をかかえこんだ自己中心的なものの見方から、「神の国（天の国）」や聖霊のいぶきにふかれて、もっと大きなものの見方をしてみるということです。

もちろん、わたしたちがたやすく神の目をもてるわけではありませんから、イエスの説く「福音」をとおして「天の国」の見方やことばをうけとめてみるということになります。ですから、「悔い改め」というのは、たんなる道徳的な反省というレベルのことではありません。根本的な視点転換を意味しているのです。

ところで、この「悔い改めよ。天の国は近づいた」ということばを最初に発したのは、イエスではなく、洗礼者ヨハネです。さきに引用した「マタイによる福音書」第四章のまえの第三章の冒頭につぎのようにあります。

その頃、洗礼者ヨハネが現れて、ユダヤの荒れ野で宣べ伝えて、言った。「悔い改めよ。天の国は近づいた。」預言者イザヤによって、

「荒れ野で叫ぶ者の声がする。

『主の道を備えよ

その道筋をまっすぐにせよ。』」

と言われたのは、この人のことである。

イエスも洗礼者ヨハネもどちらも預言者イザヤの「預言」によって示された人物という書き方がされています。つまり、すでに神によってこの道は示されていた、しるしづけられていたということです。そして、その道しるべによって、はっきりとその道がまちがいのない、神によって示され、みちびかれている道だという確信や安心感が得られます。それが「預言」によって、信託されていたわけです。ユダヤ教やキリスト教における「預言」というものの重要性がこれによってしられます。

「悔い改め」といえば、わたしたちは自己反省とか、懺悔《ざんげ》とか、倫理道徳的なこころのふりかえりをすることのようにおもいがちですが、さきにものべたように、むしろ、思考や認識のレベルでじぶんの考え方や価値観をおおっている枠組みや殻《から》を打ちゃぶってみるということなのです。

それを「パラダイムシフト」というい方とくらべることもできるでしょう。考え方の枠組みを変えて、ものごとをとらえなおす。視点転換する。それが「パラダイムシフト」であるとするならば、それは「悔い改め」と訳される「メタノイア」と大きくは変わらないことになります。

それでは、視点を変えるとしても、どのようにして、どの方向に視点を変えるのかが問われます。たとえば、日本人のものの見方とか、中国人のものの見方というような、歴史や文化や地域などに影響された水平的なものの見方の転換というようなレベルではありません。

キリスト教ではそこに、「回心」と訳される神の元への立ちかえりという超越的な視点転換がすえられます。つまり、神という垂直軸の究極の一点をもうけることによって、じぶんじしんの立ち位置やこれまでのありようを布置しなおすのです。それにより、マインドセットが切り変わるのです。照明の位置が変わって、もののありようや関係のしかたがまったくこれまでとはちがうかたちでうかびあがってくる。それにより、じぶんがこれまでとはちがった星のなかに生きているような視点の転換がうまれてくる。そのような自己突破的な視点転換が説かれているのです。

べつのいい方をすれば、星座（布置、配置、コンステレーション、constellation）が変わるような変化がおこります。これまでとはまったく関係性のことなる構図が目のまえにあらわれてきます。ああ、こんな見え方があるんだという、あらたな発見がうまれてきます。そしてそれが神のめぐみ（恩寵《おんちょう》）という感覚とともにおとずれてくるので、こころのなかはよろこびにつつまれ、みたされ、「ハレルヤ！」（神をほめたたえることば）というこころもちになります。

２ ― ことばによる生き直し

問題は、それではどのようにすればそのような「メタノイア」ができるのかということになります。イエスはそれを「福音（euaggelion、Evangelion、エヴァンゲリオン）」として宣べ伝えます。「マルコによる福音書」第一章第十五節にはつぎのようにイエスのことばがしるされています。

「時は満ち、神の国は近づいた。悔い改めて、福音を信じなさい」

ついに、みんながまちのぞんだ神の国の到来というめぐみの時がやってきた。この奇蹟《きせき》のような時に、「メタノイア」して「エヴァンゲリオン」を信じることをうながします。そしてそれは、神のことばの受肉であり、永遠のいのちのことばであるイエスを受け容れ、信じ、身をゆだねるということです。

ユダヤ教やキリスト教やイスラームなどの一神教と呼ばれる宗教でもっともたいせつなのは「神のことば」です。『旧約聖書』の五番目の書である「申命記《しんめいき》」第八章三節には、「人はパンだけで生きるのではなく、人は主の口から出るすべての言葉によって生きる」という有名な一節がしるされています。そのことばをイエスは引用して悪魔の三つの誘惑の最初の誘惑「神の子なら、これらの石がパンになるように命じたらどうだ」にたいして、つぎのようにこたえます。「『人はパンだけで生きるものではなく　神の口から出る一つ一つの言葉で生きる』と書いてある」と。これは、『新約聖書』「マタイによる福音書」第四章三節から四節にあることばです。

このように、ユダヤ教やキリスト教では、なによりも『聖書』のことば、すなわち、神のことばが絶対のよりどころとなり、ささえとなります。それを信仰の指針として生きているのです。そもそも『旧約聖書』の第一番目の書である「創世記」の冒頭にはつぎのように、神がことばで天地を創造することがはっきりとしるされています。

> 初めに神は天と地を創造された。地は混沌として、闇が深淵《しんえん》の面《おもて》にあり、神の霊が水の面を動いていた。神は言われた。「光あれ。」すると光があった。神は光を見て良しとされた。神は光と闇を分け、光を昼と呼び、闇を夜と呼ばれた。夕べがあり、朝があった。第一の日である。

神はことばで世界を創造するのです。それが、啓示《けいじ》の宗教とも啓典《けいてん》の宗教ともいわれるユダヤ教・キリスト教・イスラームの根本にあります。すべての根底に神のことばがあるのです。神のことばは、存在のアルファ（起点）であり、オメガ（終点）なのです。ですから、つねに神は、人類の未来を預言者にたいしてことばをもって示します。その「預言者」とは、神のことばを受託し、あずかり、ひとびとに告げしらせる、ことばの仲介者です。

キリスト教では、その神のことばが、預言者への啓示という段階をはるかにこえて、「神の言葉の受肉」という究極的な形態をとります。そのことが、『新約聖書』の四番目の福音書である「ヨハネによる福音書」の冒頭であますところなく示されます。

初めに言《ことば》があった。言は神と共にあった。言は神であった。この言は、初めに神と共にあった。万物は言によって成った。言によらずに成ったものは何一つなかった。言の内に成ったものは、命であった。この命は人の光であった。光は闇の中で輝いている。闇は光に勝たなかった。

このことばの絶対性。これが「言挙げせぬ国」（『万葉集』）などといわれたわが国の考え方とどれほど大きくことなるか、はかりしれません。それが「負の感情」の表現や処理をめぐっても大きくことなる方式をとることになります。つまり、神も悪魔もすべてことばでものごとを表現し、駆け引き（ディール）し、決着させます。モーセやエリアなどの預言者も、イエス・キリストも、ムハンマドも、みな神のことばにかかわります。そのことばの強度やメッセージの内容に違いはあるとはいえ、ことばが絶対的なちからをもってせまってくる点ではおなじです。「以心伝心」とか「言外のふくみ」とか「言語道断」という非言語世界の表現のあいまいさはありません。すべてはことばで言いあらわされます。そのような神の言語原理主義ともいえる言語観が根底にあります。

「ヨハネによる福音書」のさきの引用につづくことばは、つぎのようなものです。

一人の人が現れた。神から遣わされた者で、名をヨハネと言った。この人は証しのために来た。光について証しをするため、また、すべての人が彼によって信じる者となるためである。彼は光ではなく、光について証しをするために来た。

まことの光があった。その光は世に来て、すべての人を照らすのである。言は世にあった。世は言によって成ったが、世は言を認めなかった。言は自分のところへ来たが、民は言を受け入れなかった。しかし、言は、自分を受け入れた人、その名を信じる人々には、神の子となる権能を与えた。この人々は、血によらず、肉の欲によらず、人の欲にもよらず、神によって生まれたのである。

言は肉となって、私たちの間に、宿った。私たちはその栄光を見た。それは父の独り子としての栄光であって、恵みと真理とに満ちていた。ヨハネは、この方について証しをし、大声で言った。「『私の後から来られる方は、私にまさっている。私よりも先におられたからである』と私が言ったのは、この方のことである。」私たちは皆、この方の満ち溢れる豊かさの中から、恵みの上にさらに恵みを与えられた。律法はモーセを通して与えられ、恵みと真理はイエス・キリストを通して現れたからである。いまだかつて、神を見た者はいない。父の懐にいる独り子である神、この方が神を示されたのである。

キリスト教という宗教は、世界の諸宗教のなかで、つくづく、もっとも神秘的な宗教、奇蹟の宗教、奇蹟の信仰にもとづく宗教であるとおもいます。この信仰をつよくもてるがゆえに、イエス・キリストが十字架上で極悪人として処刑されて死をむかえたように、どのようなむごい極刑にもたえて殉教《じゅんきょう》するこころとかまえがうまれたのです。神のことば、イエス・キリストをうけいれることによって、世界はまったくことなった星座として見えてきたのです。これが「メタノイア」のちからのあらわれの一端といえるでしょう。

ユダヤ教やキリスト教の信仰的文脈のなかでは、ことばは光であり、いのちの根源、存在の基盤をなしています。そのことばが、ひとのこころや霊性を明るくするちからと知恵をもちます。そこには、神のことばや福音の真理性にたいする絶対的な信《しん》があります。しかし、人間は神の戒《いまし》めをやぶったためにエデンの園を追放され、バベルの塔を破壊され、神のことばからも遠く離れ、こころもことばもちりぢりばらばらになってしまったのです。そして、裏切りや嫉妬や怒りや後悔など、さまざまな負の感情にとらわれることになります。

　わたしたちは、しかし、はたして、そのような負の感情から解放されることがあるのでしょうか？　人間が罪ある存在であり、有限な存在であるかぎり、完全に負の感情から解放されることなどありえないでしょう。というのも、『旧約聖書』を読み進めると、神ですら、怒りや嫉妬などの負の感情をもつことを吐露《とろ》しているのですから。しかし、それは視点転換してみれば、ただの負の感情ではありません。

　たとえば、『旧約聖書』二番目の書である「出エジプト記」第二十章第三節から第十七節にかけて有名な「モーセの十戒《じっかい》」がしるされています。シナイ山で神に祈りを捧げていたときに、神はモーセにユダヤ教の信仰の中核をしめる律法（トーラー）の核心として「十戒」を授けるのです。

　このモーセの十戒は、四つの宗教的戒律と六つの共同体的倫理によって構成されています。

①あなたはわたしのほかになにものをも神としてはならない（唯一神信仰の原理）

②神の像を作ってはならない（偶像崇拝の禁止の原理）
③神の名をみだりに唱えてはならない（神名の神聖の原理）
④安息日を守る（神が創造の業を休まれた安息日の神聖の原理）
⑤父と母を敬う（共同体・家族倫理の根幹原則）
⑥殺してはならない（共同体の平和維持の原則）
⑦姦淫《かんいん》してはならない（家族の平和維持の原則）
⑧盗んではならない（共同体秩序の平和維持の基本原則）
⑨隣人について、偽証してはならない（社会正義・公正の基本原則）
⑩隣人の家をむさぼってはならない（社会的公正・互恵の基本）

この第二戒「あなたは自分のために彫像を造ってはならない」という戒律をおぎなう条文のなかに、「私は主、あなたの神、妬《ねた》む神である。私を憎む者には、父の罪を子に、さらに、三代、四代までも問うが、私を愛し、その戒めを守る者には、幾千代にわたって慈しみを示す。」というたいへんはげしい偶像崇拝の禁止理由のことばがでてきます。

この英語でいえば「a jealous God（ねたむ神）」と訳された語句が、一九八七年に出た新共同訳では「熱情の神」と訳されました。つぎのように。

わたしは主、あなたの神。わたしは熱情の神である。わたしを否む者には、父祖の罪を子孫に三代、四代までも問うが、わたしを愛し、わたしの戒めを守る者には、幾千代にも及ぶ慈《いつく》しみを与える。

なぜ「ねたむ神」が「熱情の神」と訳されていたのでしょうか？　それは、「ねたむ神」の半面ないし本質が「愛する神」であり、その愛の「熱情」ゆえに「ねたみ（嫉妬）」とも転じるからなのでしょう。つまり、「ねたむ神」は、本質的に「愛する神」であり、「熱情の神」になるということでしょう。

ようするに、神においても、ひとびとにおいても、根本的に、嫉妬と愛情とはコインの裏表のような、いつでも相互転換しうるようなうらはらの関係にあるということです。であるなら、「ねたむ神」を「熱情の神」と訳しかえたところには、一種のメタノイア的な視点転換があるともいえるでしょう。ものごとを表から見るだけでなく、裏からも見てみる。光が当たっているところだけでなく、影となっているところも見てみる。浮かび上がっている柄や模様だけでなく、その地や背景も見てみる。鳥のように上空から見たり、蟻のように下から見たり、さまざまな視点転換をこらして、ものごとを複眼的に見てみることは、負の感情とのつき合い方としてとてもたいせつな視点といえるでしょう。

キリスト教の「悔い改め（メタノイア）」ということばは、存在の根っこのところから、わたしたちにものの見方のありようをおしえてくれます。

これまで見てきたように、ユダヤ教もキリスト教もイスラームも、神のことばの絶対性・真理性をよりどころにしています。ですから、神のことばをあずかる預言者は神の権威をまとうことになります。そして、そこから発せられることばは、つねに「言直《ことなお》し」の性格をもちます。いいかえると、ことばの宗教としてのユダヤ教、キリスト教、イスラームにおいては、「メタノイア」という心直しは「言直し」としてあらわれてきます。それが、モーセの「十戒」であり、イエスの「福音」であり、ムハンマドの『クルアーン』ということになります。

キリスト教徒ではないわたしから見ますと、「メタノイア」のあらわれは、カトリックの「懺悔《ざんげ》（告解《こくかい》、Confession）」という告白のかたちとして様式化されているようにおもいます。告解室に入って、うす暗がりのなかでじぶんの内面に巣くう罪や悪を見つめ、それをことばに出して告白すること。それが神にこころを向けることになります。真剣にじぶんのこころに目を向ければ向けるほど、じぶんのなかにゆれうごき、うごめくうちけしがたい負の感情が巣くっていることが見えてきます。わだかまっているじぶんのなかの感情や思いがすなおなことばとして神のまえにさしだされるとき、素のじぶん、等身大のじぶんを見つめることになります。

そして、父と子と聖霊の三位一体の神は、信徒の告白を聴きとり、神父をとおして「ゆるしの秘蹟《ひせき》」を示します。その「ゆるし（許し、赦し）」によって、告白をする信徒のこころに窓が開き、神の光明や希望が入ってきてしだいにこころが解放されていきます。カトリック協会では、この「ゆるしの秘蹟」を「悔い改めの秘蹟」や「悔悛の秘蹟」、「告白の秘蹟」とか「回心の秘蹟」などと呼んできました。いいかえると、これは「メタノイアの秘蹟」となるでしょう。そして、それらはすべてことばをとおしておこなわれます。ですから、ここでは「メタノイア（視点転換・回心・心直し）」は「言直し」として実践されることになります。

3 ― 終末期の「心直し」

キリスト教では、ひとは死んだあと、天国に行くか、地獄に行くか、ふたつの行き先が考えられていました。そして、天国では救いとよろこびが、地獄では罰と苦しみがまちうけていることになります。神から遠く離れてしまった魂は、地獄では永遠の火に焼かれる苦しみをうけると考えられました。

その天国か地獄かというふたつの対照的な死後世界にたいして、もうひとつの中間的な死後世界が「煉獄《れんごく》」として考えられるようになります。ジャック・ル・ゴッフの『煉獄の誕生』（渡辺香根夫ほか訳、法政大学出版局、一九八八年）によると、煉獄のイメージが場所としてあらわれてきたのは十二世紀以降のことだとされます。

とくに、フランスのブルゴーニュ地方にあるクリュニー修道院の役割は大きなものがあったとされます。そこで、煉獄は「火を噴く山」としてイメージされ、絵画などにもえがかれるようになります。煉獄は、この世からさほど遠くはないところにあり、罪をもつひとびとの霊魂が一定期間とどまり、そこで罰をうけることで、罪が浄《きよ》められていくと考えられました。第五代目の修道院長であったオディロは、罪びとたちの霊魂が煉獄の火を噴く山で罰をうけ、浄められていくことを説き、修道士の祈祷《きとう》をうけたり、貧者への施しや寄進によって解放されていくと説きました。クリュニー修道院はそうした死者のための祈りの典礼により莫大な富を築いたようです。

　このクリュニー修道院では、死者をみとる儀式がおこなわれました。里村生英さんの『音楽経験を通したスピリチュアルケア―ミュージック・サナトロジーの検討を通して』（京都大学教育学研究科提出博士論文、二〇一七年）によれば、十一世紀クリュニー修道院の『慣習書』には、死にゆく修道士のみとりが修道院の全員がかかわる儀式としてすすめられています。そこでは、死にゆくひとをひとりにすることなく、注意ぶかく見まもり、臨終の合図とともに全員がかけつけて最後の瞬間にその場に居あわせ、全員で祈り、グレゴリオ聖歌を詠唱することにより、死にゆくひとをふくめ、その場にいるすべてのひとを癒し、むすびつけます。

「ミュージック・サナトロジー」の創始者であるテレーズ・シュローダー＝シーカーは、このクリュニー修道院のみとりの典礼をもとにして、「観想的修練（Contemplative praxis）」を現代の死にゆくひとを見まもる臨床の場に適用しました。そして、修道院でもちいられた「観想的修練」と「メタノイア」をむすびつけ、他者にたいする奉仕の精神や、習慣的かつ無自覚に身につけてしまった考え方をはぎとる訓練を再構築し、それを「ファイン・チューニング」として位置づけました。「ミュージック・サナトロジー」は一九七〇年代以降のホスピス運動と連動してアメリカではじまったこころみです。終末期の患者のベッドサイドによりそって、ハープのひびきと歌声をとおして死にゆく者とその家族のニーズにこたえようとする臨床実践でした。

このように、「メタノイア」は、現代の死をみとる臨床の場で、死にゆくひとと、それをみとり、見まもるひとの両方におこる心直しを、歌や声やひびきをとおして実現するこころみとして活用されています。これは、メタノイアという出来事が、キリスト教の信仰者だけでなく、死とむきあうすべてのひとに共通した出来事となるということです。その意味で、「メタノイア」は普遍的な心直しのわざということができます。

4 ―― 神が追いかけてくるという逆説

メタノイアとしてあらわれる思考のひとつのかたちが「逆説」であるとおもいます。わたしは学生のころ、神秘主義に関心をもち、ヤーコプ・ベーメ（一五七五〜一六二四）というドイツの神秘哲学者と、日本に真言密教をもたらした弘法大師空海（七七四〜八三五）の神秘主義の比較研究にとりくんでいました。そうした過程で、十五世紀のドイツの神秘哲学者のニコラウス・クザーヌス（一四〇一〜六四）の「神は反対の一致（coincidentia oppositorum）である」とか「知ある無知（docta ignorantia）」という考えをしり、たいへん魅かれるものがありました。

わたしたちの世界には、善悪とか男女とか光と闇とか昼と夜とか、さまざまな対照的両極性があります。そのような対照軸をもつことで、わたしたちは世界と思考の認知地図をつくり、このあたりが北極で、このあたりが南極で、この辺にじぶんたちのすむ国や地域があるという認識地図をつくっています。それがフレームワークとなって、ものごとをつかみ、理解したり、判断したりします。そして、それが精密であればあるほど、明晰《めいせき》な判断や行動ができるとおもっているふしがあります。

けれども、ときには、そのフレームワークや思考のパターンがとてもじゃまになって、考え方がワンパターンになったり、堂々めぐりしたりして、ブレークスルー（前進突破）することができず、行きづまったり、執着したりすることもままあります。

そうしたとき、「神は全知全能である」とか、「神はまったき善である」とか、「神は永遠である」とかという究極的な概念は、わたしたちを安心させてくれます。しかし、そうなのだ、神さまは全知全能だから、いまこのような理不尽な目にあっていて、いつかそのような理不尽な誤解や差別から解放されるにちがいないとおもっていても、なかなかそのようにならず、今度はぎゃくに、全知全能の神がいるのになぜわたしはこんな仕打ちをうけねばならないのかと、いっそう苦しむことにもなります。わたしたちがつくりあげている善も悪も有限的な枠組みのなかにあって、法律や倫理として、わたしたちの道徳的判断をささえてくれるわけですが、しかしそのような枠組みではとらえられないような事態に直面したときに、その枠組みはわたしたちをしばり、苦しめることになります。

このようなときに、逆説が効果を発揮します。神は最大にして最小、直線にして曲線、無限大にして無限小という矛盾律《むじゅんりつ》をこえていることを示す「神は反対の一致」という考え方は、まさしく固定観念の枠組み（フレームワーク）を大胆にときはなって、もののみかたの転換をうみだしてくれます。

たとえば、ほとんどのひとは自分がしあわせをもとめているとおもっていますが、ユダヤ教の神学者のアブラハム・ヨシュア・ヘッシェル（一九〇七～七二）によると、そのぎゃくで、「人間がしあわせを追いかけているのではなく、しあわせが人間を追いかけている」といいます。ヘッシェルは、『人間を探し求める神』（森泉弘次訳、教文館、一九九八年）のなかで、「神が人間を追いかけている。これこそ聖書的信仰の神秘的逆説である」（一七三頁）とのべています。信仰や宗教は、ひとびとがしあわせに生きることを実現するいとなみといえますが、このしあわせの発信源は神になるので、ひとが神を探しもとめるのではなく、そのぎゃくに、神のほうが人間を愛して、聖なる使命を託すために人間を探しもとめるというわけです。ヘッシェルによると、このときひとがどれほど逃げようが隠れようが神はどこまでも追いかけてくるといいます。それほどまでに、神は人間を愛し、祝福したいのだとヘッシェルは考えるのです。

さまざまな苦難を経験したとき、おもわずわたしたちは「神も仏もあるものか」と口にだしてしまうことがあります。世界は不条理に満ちていて、自然災害や戦争や感染症や突発事故など、くりかえし悲惨で残酷で理不尽な事態や出来事がおこってきます。そこにもとめてもいない、あじわいたくもない苦しみがうまれてきます。そのような苦しみやふしあわせにおもえる場面に神仏が顕現してくると逆説的に説く宗教家が、人類史上何人も登場してきて、ひとのこころにふしぎな安心や安定をもたらすことになりました。

有名な宗教的逆説として、三世紀のキリスト教神学者テルトゥリアヌスのことばとされる「不合理ゆえにわれ信ず（Credo quia absurdum）」とか、十二世紀の法然の『選択本願念仏集《せんちゃくほんがんねんぶつしゅう》』の「極悪最下の人のために極善最上の法を説く」という悪人正機説《あくにんしょうきせつ》や、十三世紀の親鸞のことばを記録した唯円《ゆいえん》の『歎異抄《たんにしょう》』の「善人なほもて往生をとぐ。いはんや悪人をや」などが逆説的表現として有名です。

こうした逆転満塁ホームランのようなメタノイアの思考は、クザーヌスの「反対の一致」という神の属性についての思考にもつうじるものだとおもいます。人類は「メタノイア」をさまざまな局面であみだし、苦しい現実をのりこえ、ブレークスルーしていく活路を見いだしたのです。

わたしたちがしあわせを追いもとめるのではなく、そうではなく、絶望のさきに、神や仏やしあわせのほうがわたしたちを追いかけてくるのだという逆説的思考は、わたしたちにそこしれぬ勇気や生きるちからをあたえてくれます。

5 − 緒方正人さんのメタノイア

では、そのような「メタノイア」はどのようにしてわたしたちに経験されるのでしょうか？　もちろん、それはたやすいことではありませんが、水俣病運動に身を投じていた石牟礼《いしむれ》道子《みちこ》さん（一九二七〜二〇一八）や緒方正人《おがたまさと》さん（一九五三〜）のことばやおこないから現代日本における「メタノイア」的転換の痛切な事例を見ることができるとおもいます。

それは、「チッソがわれわれを水俣病にした」という目のまえにあるいまここの苦しみと痛みの声を、「チッソは私である」（緒方正人著『チッソは私であった』葦書房、二〇〇一年）ということばに転換した緒方さんの思考と行動のなかに、とてもふかい現代の「メタノイア」がはたらいていることがかいま見えます。

これまでじぶんはチッソ（水俣病の原因であるメチル水銀化合物を排水した企業）の被害者であるとおもって、恨みをもって生きてきた。しかし、そのじぶんこそ、じっさいには、チッソによる被害以前から、漁師として水俣の海を荒らしていたひとりであったのではないか。じぶんも、ふりかえってみれば、敵対視し、にくしみをぶつけてきたチッソのようなありかたをしていたひとりではなかったか。緒方さんの思いと洞察はかたきであるチッソをとおりぬけて、じぶんじしんの背中とこころを突きさしていきます。そして、そのようなおもいと思考の転換のなかに入っていくことによって、緒方さんはじぶんのこころに巣くっている恨みやにくしみや怒りを手放していくことができたというのです。

緒方正人さんは、昭和二十八年（一九五三）、熊本県葦北郡芦北《あしきた》町女島に生まれました。六歳のときに、おとうさんの緒方福松さんを水俣病で亡くします。そして、じぶんじしんも水俣病に罹患しながらも、家業の不知火《しらぬい》海の漁師として生きていきます。昭和四十九年（一九七四）に水俣病の認定申請をおこない、水俣病認定申請患者協議会に入り、昭和五十六年には同会の会長となって、運動の先頭に立つことになります。

しかし、その過程で、運動のありかたに疑問をいだき、苦しみながら、じぶんじしんに問いかけます。その過程は、自伝的な語りである『常世の舟を漕ぎて―水俣病私史』（世織書房、一九九六年）にくわしく語られていますが、昭和六十年（一九八五）に同会会長を辞任し、認定申請をとりさげ、「常世の舟」と名づけた木造の舟をつくって、昭和六十二年に女島から水俣までその舟でわたり、チッソの水俣工場の正門前でひとりすわりこみをおこないます。そして、じぶんじしんの「狂い」にゆさぶられながら、それをま正面から見つめていきます。その過程で、お金による償《つぐな》いや保証のありようや、加害者と被害者の関係性をこえたありかたを模索し、実践し、体現していき、「もやい直し」というありかたに到達していきます。

平成七年（一九九五）、「本願の会」を結成し、「命」や「縁《えにし》」や「魂」や「罪」の自覚と祈りにもとづいた生き方やありようを探究していきます。その緒方正人さんの苦難に満ちた人生のなかに「メタノイア」的な光明がかがやきでるのを目撃することができます。「メタノイア」は、なにも、キリスト教徒にだけおこる出来事ではないのです。

『常世の舟を漕ぎて』のなかで、緒方さんは運動のさなか、裁判や認定制度や告訴や告発という「政治的な手法を駆使」しつづけることに疑問をいだくようになり、違和感と行き（息・生き）づまりと孤独にさいなまれていきます。そして、「狂い」のただなかに落ちていきます。

> 夜になっても、頭が冴えて眠れなくなって、これはどうもおかしいなと自覚し始めた。一日中ずっとハイな状態なんです。あまりに冴え過ぎて苦しい。からだのリズムがおかしくなっていて、疲れて完全にぐったりしても頭は冴えている。そして、眠いという感覚もないままに、突然カクンと眠りに落ちる。たくさん寝たなあと思って目を覚ましてみると、実際には五分とたっていない。眠らなきゃいけないと思って焼酎を一升飲んでも眠れない。そんな状態だから、仕事もできません。
>
> あとはもう延々ともがき苦しむしかなかった。飯だって、涙をぽろぽろ流しながら食う。こん中にどれだけ生き物がおるか、それを俺はどれだけ食ってきたのか。ことばでこげん出てくればまだよかったばってんが、ことばにならずにただ感じるわけです。そのうち食えなくなるんです。魚なんて大好物なのに食えない。それでしばらくは梅干しとお茶漬け。あの頃は自分で飯を食っているという感覚がなかった。
>
> 海辺や河原に行ったり、山ん中や畑を歩いたりするんです。家の後ろの崖の上にある親父の墓

にもよくいきよった。その時には狂ってるなんて自覚はなくて、ただ必死に考え、何かを探し求めている。（同一〇七〜一〇八頁）

このとき、緒方さんにとってたいせつなものは、「把握」だったといいます。「自分と自分を取り巻く世界との関係性の把握」とその再構築をもとめつづけていたのです。「俺は、自分とまわりとをつなぐ梯子《はしご》を一度自分自身で外してしまったものの、この先自分をどう把握しなおしたらいいか、と思いあぐねていたんです」とのべています。

そのうちに、「ふと自分が試されているんだと気づいた」といいます。そして、じぶんが「六合目」くらいまで山に登って、ふと見えてきた。「あまりにも見事に過去の物事の展開がつながっているのが見える」のです。すると、「問いを解くためのヒントがものすごい勢いで俺のなかに入ってくる」ようになります。「草木や鳥、海、魚、あるいは人々の姿や会話といったもの」、それらがみな「ヒント」になって、いろいろな「気づき」をあたえてくれ、まるで「パズルのようにはまっていく」のです。そうしたとき、「無性に山に行きたくなる。行って、草木に話しかける。そうすると、向こうから返事が返ってくる。もちろん声でではないんだけれど、例えば、風でそよぐ姿なんかからも、生きるとはどういうことかについて、何ごとかを教えられる。気持ちと気持ちが交わる」という状態に入っていきます。

平安時代の初期に、歌人の紀貫之が『古今和歌集』を編纂し、仮名序《かなじょ》を書いたとき、おもわず「生きとし生けるものいづれか歌を詠まざりける」と書きつけましたが、まさに草木鳥や海や魚や風や山やひとびととの会話が生きたメッセージとなって飛び込んでくるようになったのです。
このような状態で、緒方さんは「狂う」ということの次元を「けものの王」と見る洞察に行きつきます。

ひとつ断っておきたいことがあります。あの経験は悟りではないですか、と言われることがあるんですが、俺はそう思わないし、そう思いたくもない。その後も上り下り、浮き沈みは続くんです。一度何かを見ると、その状態がずっと持続するとおもってほしくない。還《かえ》ってきた自分のこれからは、手探り。悟りだなんて、面白くなかってです。固定されたくないんです。俺は今でも上り下り、不安定なものです。ただ、あの時のことに今も魅了されているのは事実ですが、魂のワープとでも言うんでしょうか。やはり、あれは狂いだったんだと俺は言いたい。狂うという漢字はけものへんでしょ。一種の動物です。この広い意味では、俺もやはり今も狂っている。しかもあの字の右側は王様の王ですもんね。（同一二〇頁）

緒方さんは、じぶんが体験したことを「悟り」などときれいごとにして神格化したり、固定したりしたくなかった。じぶんじしんの素のままを大事にしたかった。それを緒方さんは、「悟り」とは対照的な「狂い」ということばでいいあらわしますが、しかしそのとらえ方は、キリスト教の「言直し」ではありませんが、まさに言葉直しであり、言い直し、意味直しです。「狂う」の「狂」の字は、左側のへんが「けものへん」で、右側のつくりが「王」です。けものの王というと百獣の王のライオンをおもいだしますが、緒方さんはきっといのちの本源にあるもの、「魂」とでも呼ぶべきもの、動物のなかの、生きとし生けるもののエッセンス、それをきれいごとですませられないので、あえて野生（野性）の感覚をもった「狂い」ということばであらわしつづけているのだとおもいます。

「狂い」は、じぶんだけを特権的な位置におくことはありません。緒方さんはいいます。

> 近代文明を他人事のようにことばであれこれ批評するのは難しいことじゃない。しかしよくよく考えてみれば近代文明というのはおのれ自身なのです。自分を省みれば、少なくとも近代文明によってもたらされた恩恵や「文明の利器」の便利さ、快適さについては、認めたくなくても認めざるをえないでしょう。そういうおのれについて自白するところから始めるしかない、と思うんです。地球の危機というけど、本当に危機的なのは、他の生き物との加減がわからんようになってきている自分自身なんです。俺が狂った時に一番びっくりしたのは、近代化している自分だったな。冷蔵庫、ティッシュペーパー、車、扇風機にとり囲まれている自分、いわばチッソをおのれの中に見出して恐れおののいたわけです。
>
> 狂って以降、自分のことを泥棒と思ってるんです。イヲ（引用者注―魚のこと）をとる泥棒。以前はれっきとした「漁業」と思っていたばってんが。社会という枠の内では漁業でいいんだけど、その外に出ると泥棒。いっぺんこの枠自体を疑ってみる必要がある。枠をとっぱらったところでは、みんな多かれ少なかれ泥棒じゃないですか。（同一八四～一八六頁）

法然や親鸞は、末法《まっぽう》の世を生きるじぶんたちをどうしようもない罪と煩悩にまみれた凡夫《ぼんぶ》悪人とみなしましたが、ごまかさずに、目をそらさずに、素のじぶん、等身大のじぶんをみつめてみると、じぶんこそが「泥棒」ではなかったか。不知火海で魚を獲る「泥棒」。人間世間的には「漁業」というれっきとした「正業・生業・なりわい」にはちがいありませんが、それでもその生業は海のいのちを奪うわざでありいとなみであることも事実です。緒方さんはその現実から目をそらさずに、じぶんの「狂い」と「泥棒」を見つめ、問うことによって、「チッソは私だった」というメタノイア的転換に行きつくのです。

『新約聖書』の「ヨハネによる福音書」の第八章に、ファリサイ派のひとびとが姦通の現場をとらえられた女性を連れてきて、イエスにたいし、モーセの律法では「石で打ち殺せ」と命じているが、あなたならどうするかと問いかけてためす場面があります。このときイエスは、指で地面になにかを書きはじめ、しつこく問いかけるひとびとに向かって、「あなたがたの中で罪を犯したことのない者が、まず、この女に石を投げなさい」といいはなちます。すると、だれも石を投げつけることができず、ひとりひとりとその場から立ち去り、ついにはイエスとその女性だけが残ったのです。じぶんのなかの「罪」を見るというのは簡単ではありませんが、懺悔や悔悛（悔い改め）や回心というメタノイア的な転換をうみだす契機となることはたしかです。負の感情の凝視や心直しはこのような痛みとメタノイア的な転換とともにふかまっていきます。

緒方さんはこういいます。

> ものごとというのはもともとそう単純に二極に分かれているもんではないですよね。「水俣には

悪魔が降り立ったんだ」と言う人がいるけど、この悪魔ということばをどういう意味で言っているのか——正義や善の反対という意味で言われていはしないか——それが問題です。最近、「水俣に起こった災いはどこからきたんでしょうか」と人にきかれたことがあって、答えにつまった俺はとっさに「仏さんの背中からかもしれんな」と言ってしまったんだけど、思えば確かに善と悪というのは所詮表と裏の一体のものなんじゃないかな。近親憎悪というのも、憎しみと愛は別のものじゃなく、一体のものだということでしょ。それが時に表が出たり、裏が出たりするというだけのこと。それも、平面の表裏ではなく、輪として考えるべきでしょうね。南極の裏は北極だけど、南極からまっすぐ歩いて行けば、北極を通ってまた南極に辿り着くでしょ。こんなふうにすべてはつながっている。一体の中にあるんです。こう考えると、人間をとり巻く「然」という構造が理解できるという気がする。

昔はこういう「然」のつながり、あるいはお釈迦様のてのひらが、人々には見えていたと思う。それは普段の暮らしの中に、そして狸や狐やエビスさん、祭り、年寄りの一喝といったもののなかに見えていたんじゃないかな。もちろん、みんなが同じようにということではなかったでしょう。シャーマンのように感受性の強いのも弱いのもいるんだから。けれども全体としては世界を包みこんでいるものを感じていた。

わがふるさとである不知火の海が、悪魔の降り立つ場所として選ばれたというのは本当のこと。しかしです。悪魔が降り立つ場所というのは、同時に神が降り立つ場所でもある。いや、そうし

なければならんのです。（同二二六〜二二九頁）

緒方さんの行きついたところは、まさにこの章で取り上げてきたメタノイア的な転換だったといえるでしょう。緒方さんならではの切実な真実の探究のはてに、「悟り」と「狂い」とのアンビバレントで相互転換的な緊張のなかで、「悪魔の降り立つ場所」と「神の降り立つ場所」とが反転融合するなかで、まさに「反対の一致」的なつながりの生の感覚のなかでとらえられたものです。

6　苦海―浄土

このようなメタノイア的転換は、じつは、水俣病患者の運動にずっとよりそいつづけるなかでつむがれていった石牟礼道子さんの『苦海浄土―わが水俣病』（講談社、一九六九年）のなかの胎児性水俣病患者の杢太郎《もくたろう》少年の「爺さま」の発言に、ひとつのたねがありました。

もともと熊本県天草にうまれた石牟礼さんがせいらい保持してきた存在感覚は、森羅万象にたましいや神仏が宿っているというものでした。あらゆる「生類《しょうるい》」に霊性がそなわり、本来そのままで成仏《じょうぶつ》し神聖であるというようなアニミズム的な感覚が色濃くありました。しかし、そこに水俣病という病苦と社会苦と環境苦によるふかい亀裂が入ることになります。

そこで、『苦海浄土』は、末法思想の登場した中世に顕在化した凡夫や業苦の自覚や、代受苦思想とも共通の、痛みや苦悩をはらむ逆説的表現をもつことになります。そこでは、胎児性水俣病として生まれついた杢太郎少年（九歳）が魂のふかい「いちばんの仏さま」であることが「爺やん」の江津野老人によって語られます。その江津野老人のまなざしは、すべての衆生《しゅじょう》に仏性を見出して礼拝した『法華経』の常不軽菩薩《じょうふきょうぼさつ》の精神とおなじ慈愛をもっています。

もっとも深刻な胎児性水俣病という病苦におかされた者こそが「いちばんの仏さま」に反転するという、慈悲と諦念《ていねん》にみちた逆説的な神仏の感覚が、素朴な水俣方言によって、ものがなしくもうつくしくかたられます。「煩悩即菩提」という中世仏教思想の逆理が切実なかがやきをはなちます。そこでは、すべてが本来ほとけであるという本覚《ほんがく》思想とひとびとの苦しみを背負って生死の海をわたる代受苦思想とのかさなりがみられます。

メチル水銀におかされた水俣の「苦海」こそが、この汚濁に満ちた現世のなかの「浄土」であり、神仏を顕現させる場所と機縁《きえん》になるという逆説。石牟礼さんがつむぎだすのは、そのような『苦海浄土』の逆説的で残虐なまでのうつくしい福音です。

『苦界浄土』のなかで、胎児性水俣病をわずらう杢太郎少年の祖父は、焼酎の酔いにひたりながら杢太郎にひとりかたりかけます。

> 杢よい。お前やききわけのある子じゃって、ようききわけろ。お前どま、かかさんちゅうもんな持たんとぞ。
>
> お前やのう、九竜権現さんも、こういう病気はしらんちいわいた水俣病ぞ。（…中略…）

かかさんのことだけは想うなぞ。想えばお前がきつかばっかりぞ。

思い切れ。思い切ってくれい、杢。

かかさんの写真な神棚に上げてある。拝めねえ。拝んでくれい。かんにんしてくれい。お前ばこのよな体に成《な》かして。

神棚にあげたで、かかさんなもう神さんぞ。この世にゃおらっさん人ぞ。みてみれ、うちの神棚のにぎやかさ。一統づれ並んどらすよ神さんたちの。あの衆《し》たちば拝んでおれば、いっちょも徒然《とぜん》のうは無かぞ。

お前やね、この世にも持っとるばってん、あの世にも、兄貴の、姉女のと、うんと持っとる訳ぞ。この家にこらす前じゃあるが、同じかかさんの腹から生まれた赤子ばっかり。すぐ仏さんにならいた。ここに在《お》らす仏さんな、お前とはきょうだいの衆たちぞ。

石の神さんも在らすぞ。

あの石は、爺やんが網に、沖でかかってこらいた神さんぞ。あんまり人の姿に似とらいたで、爺やんが沖で拝んで、自分にもお前どんがためにも、護り神さんになってもらおうと思うて、この家に連れ申してきてすぐ焼酎《おみき》ばあげたけん、もう魂の入っとらす。あの石も神さんち思うて拝め。

爺やんが死ねば、爺やんち思うて拝め。わかるかい杢。お前やそのよな体して生まれてきたが、魂だけは、そこらわたりの子どもとくらぶれば、天と地のごつお前の魂のほうがずんと深かわい。泣くな杢。爺やんのほうが泣こうごたる。（…中略…）

あねさん、この杢のやつこそ仏さんでござす。

こやつは家族のもんに、いっぺんも逆らうちゅうこつがなか。口もひとくちもきけん、めしも自分で食やならん、便所もゆきゃならん。それでも目はみえ、耳は人一倍ほげて、魂は底の知れんごて深うござす。一ぺんくらい、わしどもに逆ろうたり、いやちゅうたり、ひねくれたりしてよかそうなもんじゃが、ただただ、家のもんに心配かけんごと気い使うて、仏さんのごて笑うとりますがな。(…中略…)

おるげにゃよその家よりゃうんと神さまも仏さまもおらすばって、杢よい、お前こそがいちばんの仏さまじゃわい。爺やんな、お前ば拝もうごだる。お前にゃ煩悩の深うしてならん。

あねさん、こいつば抱いてみてくださっせ。軽うござすばい。木で造った仏さんのごたるばい。よだれ垂れ流した仏さまじゃばって。あっはっは、おかしかかい杢よい。爺やんな酔いくろうたごたるねえ。ゆくか、あねさんに。ほおら、抱いてもらえ。」

ここでは「神棚」に上げられたものはみな「神さん」となります。そして、胎児性水俣病として生まれついた杢太郎少年こそが魂のふかい「いちばんの仏さま」となるのです。

そのようなものの見方の転換はいかにして可能なのでしょうか? 杢太郎少年のおかあさんはじぶんが産んだ子を育てることができず、その子をおいて家を出ていきました。もちろん、おかあさんにもふかい悔恨はあったでしょうが、日々わが子を見つめ、育てることを放棄せざるをえないところまで追いこまれてしまったのです。

しかし「爺やん」は、産みの母が育児放棄した胎児性水俣病の杢太郎少年を「いちばんの仏さま」として見ることができたのです。そこには、「爺やん」が不知火海の漁師として、「天のくれらすもの」という天の恵みを日々うけつづけていたからこそ、それをこころのそこからありがたく感じられていたからこそできたまなざしの転換だったのではないでしょうか。

平安時代から鎌倉時代にかけて広がった天台本覚思想では、「一仏成道観見法界《いちぶつじょうどうかんけんほっかい》、草木国土《そうもくこくど》悉《しっ》皆成仏《かいじょうぶつ》」とか、「煩悩即菩提」と命題化されました。もし仏さまの目で、真如《しんにょ》（ありのままの真実）の世界を見ることができるならば、そこでは、人間・衆生のみならず、有情も非情も、草木も国土もみなすべて成仏するというのです。そこでは、「煩悩（母が捨てた胎児性水俣病の杢太郎少年）」にしかみえない苦悩や痛みがそのまま「菩提（爺やんがいう魂のふかい「いちばんの仏さま」）に転換します。それは、合理的な論理帰結を超えた救済への逆説的福音といえます。

こうして、石牟礼道子さんは、目に見える世界である「顕の世界」と、目に見えない「幽の世界」の両界をのぞき見し、往き来しながら、世界の光と影、凸と凹との反転と逆理を観音菩薩のような慈悲のまなこをもって見つめつづけます。闇と光、魔と仏、病と健康、煩悩と悟りという、この世界の二元対立をやわらかくねじりつなぐまなざしをもって透視するのです。

そして、平成十一年（一九九九）に刊行した『アニマの鳥』（筑摩書房、のちに『春の城』と改題）では、島原・天草の乱で幕府軍に壊滅させられた天草四郎時貞《あまくさしろうときさだ》をはじめとした天草・島原のキリシタンの無名のひとびとの「アニマ（たましい）」のいたみと救済の世界をえがいたのです。石牟礼さんは、この受難小説の「あとがき」で執筆動機をつぎのようにしるしています。

> 執筆を思い立ったのは、今は亡き川本輝夫さんをはじめとする水俣病認定患者とともに、チッソ東京本社に籠城《ろうじょう》したときである。一九七一年十二月六日のことだった。チッソ首脳陣との交渉は難航し、数日後機動隊から実力排除された。その後も本社前にテントを設営して交渉は続いた。酷寒の夜、支援の学生たちと共に路上に寝ていると、プラタナスの枯葉が舞い落ちて頬にまつわることもあった。ことの次第は『天の魚』（講談社文庫）と題して一冊にしたけれども、その時、原城にたて籠った名もなき人びとの身の上がしきりに心に泛《うか》んだ。
>
> 以来、島原・天草の乱を私の物語にしたいというのが宿題となっていた
>
> （『石牟礼道子全集第十三巻』五三八頁、藤原書店、二〇〇七年）

島原・天草の乱は、だれもが知る歴史的な事件であり、これによって徳川幕府は本格的な鎖国政策を徹底することになったとおもいます。石牟礼さんはこの「乱」のなかにいきづく無名のひとびとの信仰をもとめるこころをえがきました。このことがもっとも重要な点におもえます。それは、歴史的事件として、天草四郎時貞に焦点をあてて、その悲劇的な生涯をドラマチックにえがくというのとは、まったく対照的なえがき方です。もちろん、天草四郎はでてきます。たとえば、つぎのような一節で「四郎」はこうかたります。

> 「肝要なるは、まことの信心にて、人の生き得る国を、この現世にもたらすことでござりましょう。そのような国をまず、人びとの心のうちにつくり建つることを願わねばなりませぬ」

「パライゾをこの世につくり建つると、そなたは言うのか」

「天国はこの世のものではありませぬ。天国に生れ替るは神の計らい。それをおのれの計らいのごとく口にすることはできませぬ。わたくしの思うておりますのは、この世の境界を越えたところに、いまひとつのこの世が在るということでござります」

二人の大人は黙って顔を見合せた。少年は一瞬霊光が宿ったような眸《ひとみ》になった。

「されど、この世の境を越ゆるは力業《ちからわざ》でござり申す。その国の門に入らんと願えば」

そこでしばらく絶句し、やおら面をあげ、彼（引用者注──天草四郎）は言葉を継いだ。

「イエズス様の踏まれし道を踏まねばなりませぬ。いかにコンヒサン（告解）を重ねようと、われわれ衆生の罪科を一切とり除けらるるものではござりませぬ。イエズス様がクルスにかかられし故、われわれの罪科はあがなわれ申した。この世を越ゆるところに見ゆる今ひとつの世とは、燎原の火の中からあらわれてしずもる、花野のごときところかと思い申す。わたくしには、山野や町を灼《や》きつくす炎が見えまする。その劫火をくぐらねば、真実の信心の国に到ることはできぬのではござりますまいか」（同一五五～一五六頁）

このように天草四郎は殉教の覚悟を父・甚兵衛たちにのべるのでした。ここで四郎が口にした「コンヒサン」は、さきにふれた「懺悔・告白・告解」を意味する Confessio 、Confession のことです。ここで四郎は、人間のもつ「罪科」と十字架《クルス》にかけられて復活した「イエズス様（イエス・キリスト）」の「あがない（贖罪）」とそこで開陳される「コンヒサン（懺悔・告解）」と救済との関係について、おもうところを父と大庄屋の渡辺小左衛門につげるのです。これをきいて、ふたりは「今何を聞いたかといった表情で黙りこんだ」のです。

殉教の意志をかためて祈りと黙想をささげていたとき、黙想が終わると、何人かの「女童《めわらわ》」たちがそろいの白い衣を着てつぎの歌をうたいます。

わが目の曇りいかにせん
涙も涸《か》れて念《おも》うかな
なぐさめ深き大切の
人には遠く離れられ
鳥も通わぬ境かや
せめてアニマの使い鳥
とくと心に聞きわけて
千里の空をゆけぞかし　（同二九五頁）

それは、「むかし琵琶法師のロレンゾ御坊から習い、子守唄としてうたっていたあの歌」で、「聖金曜日の哀歌」のメロディをもとにしたもので、それを二度歌うのをきくと、「無心なその歌声は思いもかけず、人びとの心に泣きたいような感情を誘い出し」ます。ひとびとはみな心ごころに、「鳥も通わぬ境」に遠く離れていった「なぐさめ深き大切の人」をおもいだしたのです。このような「歌声」をとおしてひきおこされた「泣きたいような感情」はひとびとのおもいやこころや負の感情を浄化してくれます。そのことを、「御堂」にいる一同がともに経験したのです。

宗教や音楽や芸術や芸能が、多くのひとびとのこころをなぐさめ、きよめてきた歴史と経験があることは否定できない事実です。そのような支えになってきた経緯があるからこそ、さまざまな宗教も芸術や芸能もひとびとによってうけつがれてきたのです。石牟礼道子さんは、無名のひとびとのこころのなかにうけつがれてきたものを、じつに繊細微妙なやさしさと素朴なうつくしさでえがきだしていきます。その語りと記述は石牟礼さんでなければできない独特の「浄瑠璃《じょうるり》語《がた》り」のようなうつくしい哀切をたたえています。

７－「ヨブ記」のはげまし

『旧約聖書』のなかで、もっとも苦しい経験をしたひとりが信仰ぶかい「義人」のヨブでした。ヨブは、あるとき、神とサタンとの問答で、そのあつい信仰心がためされることになります。

神はサタンにいいます。「あなたはわたしの僕《しもべ》ヨブに心を留めたか。地上には彼ほど完全で、正しく、神を畏れ、悪を遠ざけている者はいない。」

これにたいして、サタンは答えます。「ヨブが理由なしに神を畏れるでしょうか。あなたは彼のために、その家のために、また彼のすべての所有物のために周りに垣根を巡らしているではありませんか。あなたが彼の手の業《わざ》を祝福するので、彼の家畜は地に溢れています。しかし、あなたの手を伸ばして、彼のすべての所有物を打ってごらんなさい。彼は必ずや面と向かって、あなたを呪うに違いありません。」（第一章）

このサタンの誘惑めいたさそいに神はこうこたえます。「見よ、彼のすべての所有物はあなたの手の中にある。ただし、彼には手を出すな。」（第一章）

こうして、ヨブは、神とサタンのとりきめによって、つぎつぎと災難にみまわれることになるのです。それにより、ヨブは全財産を失なってしまいます。そのうえに、家族も失い、さらに、深刻な皮膚病にかかって悶絶の苦しみをあじわうことになります。それを見て、妻はその理不尽さを怒り嘆き、「あなたは、まだ完全であり続けるのですか。神を呪って死んでしまいなさい。」といいはなちます。けれども、ヨブは妻に、「あなたは愚かな者が言うようなことを言う。わたしたちは神から幸いを受けるのだから、災いをも受けようではないか」（第二章）と反論して、神への信仰を崩すことはないのです。

とはいっても、それでも、なぜ自分はこれほど苦しまねばならないのか、自分は何も悪いことはしていないのに、というおもいはふつふつとわきあがってきます。見舞いに訪れた三人の友人たちにも同情されて、このような状況に陥るのは何か悪いこと、罪を犯したからだと責められ、ヨブは嘆きとともに反論するのですが、その議論のながいことはおどろくほどです。そして、友人たちとの意見のくいちがいのなかで、いっぽうでは、ヨブの嘆きもふかまるのですが、もういっぽうでは神の存在理解もどんどんふかまっていくことになるのです。

ヨブは、「自分の嘆きを吐き出し私の魂の苦しみの中から語ろう」（第十章）と、神にじしんの嘆きとたましいの苦しみと痛みを赤裸々にうったえます。苦しんでいるヨブをさしおいていうならば、神や仏や死者たちとこのような対話的関係をもつことが宗教の独自の次元であり、醍醐味といえます。目に見えない存在、この世と異なる次元の存在とコミュニケーションを交わす。それによって、この世的な論理や慰めによっては癒すことのできない喪失や痛みをうけいれることができるようになるのです。

そのような、どうしようもない、説明のつかない不条理な苦しみや痛みにたえながら、ヨブは問いつづけます。ヨブはじつにはげしく神にうったえます。

神は私を泥の中に投げ込み
私は塵や灰のようになった。
私があなたに向かって叫び求めても
あなたは答えず
私が立ち尽くしても、あなたは私を顧みない。
あなたは私に対して冷酷になり
御手の力で私を責め立てる。
あなたは私を抱えて風に乗せ

嵐のうなり声で私を砕く。
私は知っている
あなたは私を死へと
生ける者すべてが集まる家へと帰らせることを。

災いの中で叫び求める者がいても
人は瓦礫の山に手を差し延べない。
だが、私は苦難の日を送る人のために
泣かなかっただろうか。
私の魂は貧しい人のために
悲しまなかっただろうか。
私は幸いを望んだのに、災いがやって来た。
光を待っていたのに、闇がやって来た。
私の腹は煮えたぎって、鎮まらないのに
私は苦しみの日々に向かい合わなければならない。
私は日にも当たらず、嘆いて歩み
集いの中に立って助けを叫び求めている。（「ヨブ記」第三十章第十九節～第二十八節）

このヨブの嘆きとうったえは、苦しみさけぶひとの普遍的な声を代弁しているようにおもいます。どのような宗教・宗派のひとも、また神や仏や目に見えない霊的な存在を信じないひとでも、ヨブのように嘆きさけぶことはあるはずです。人生には望まぬ理不尽な災難がおこってくることがままあるのですから。そしてそこで、どうすることもできない、喪失感やひきさかれるおもいを感じてしまうのです。

わたしは『旧約聖書』をよく読みますが、なんどもくりかえし読みながら、いつもおどろかされます。古代イスラエルのひとびとの神をもとめる強さとはげしさに。そして、なによりもそれをことばにして表わすちからに。

神話や歴史書や思想書を含む世界中の宗教テキストのなかで、もっとも激烈に、かつちょくせつに、ふかく、するどく、神との交信のさまをえがきだしているのが『旧約聖書』です。「詩篇」「コヘレト書（伝道の書）」「ヨブ記」、そして各「預言書」、モーセ五書、それらすべてが一なる神の激烈さと偉大さとともに、人間存在の小ささと痛みや苦悩のふかさと、それゆえに神をもとめつづけるこころの痛みとかなしさを、じつになまなましくえぐりだしているのです。「ヨブ記」はそのもっとも代表的かつ典型的な一書です。

ユング心理学の提唱者のカール・グスタフ・ユング（一八七五～一九六一）も「ヨブ記」の記述にひかれたひとりです。ユングは『ヨブへの答え』（林道義訳、みすず書房、一九八八年、原著一九五二年）と題する本をだしています。そのなかでユングは「ヨブ記」をとおして神と悪魔の問題を独自に考察し、その思索と探究を『赤の書』などにまとめていきます。ユングは一九一六年（大正五）に、『七つの死者への語らい』と題する書を私家版で出していますが、そのなかにつぎのような一節が含まれています。

アプラクサスは、力、持続、変化である。（…中略…）

アプラクサスは知ることの難しい神である。（…中略…）

アプラクサスは太陽であると同時に、虚空の永遠の吸い込み口であり、非難するもの、切断するもの、悪魔である。

アプラクサスの力は二面的である。しかし、お前たちの目には、その互いに対向する力が相殺されてしまうので、それらを見ることができない。太陽の神の語るところは生であり、悪魔の語るところは死である。

アプラクサスは、しかし、尊敬すべくまた呪わしい言葉を語り、それは同時に生であり死である。（…中略…）それは地下の怪物であり、千の手をもったくらげ、翼のある蛇のとぐろ、狂気、である。それは原初の両性具有である。それは、水中に住み陸に上がり、真昼にも真夜中にも合唱する蛙や、がまの主である。それは空虚と結合する満ちたるものである。それは聖なる交接である。それは愛であり、その殺害者である。それは生者であり、その裏切者である。それは昼の最も輝かしい光であり、狂気の最も深い夜である。

（『ユング自伝2』、二五一～二五二頁、河合隼雄他訳、みすず書房、一九七三年）

四十歳前後の当時のユングは、フロイトと決別した時期でもあり、くりかえし大洪水や大寒波などの大破局がおとずれてくる夢やヴィジョンを見ていました。第一次世界大戦に突入するまえの精神的な危機のとき、ユングは、光と闇、善と悪、神と悪魔という相反する極性を内包する「反対の一致」の統合神「アプラクサス」に行きついたのです。

一九一二年に、『リビドーの変容と象徴』という本を書いてフロイトと決別したユングは、どうしようもない喪失感と崩壊の感情にみまわれていました。そして、チューリッヒ大学の私講師の職も辞任し、自宅にとじこもります。この自己の危機と世界の危機、つまり、第一次世界大戦にむかう時代状況の危機的雰囲気を敏感に察知していたユングは、このふたつの危機との格闘のなかから、悪や悪魔をもとりこんだ「四位一体」の神の象徴を見いだしたのです。それが、「アプラクサス」でした。そして、同じような精神的危機にみまわれていた作家のヘルマン・ヘッセ（一八七七～一九六二）は、このふしぎな神のヴィジョンを匿名で書いた小説『デミアン』（一九一七年に執筆し、原著は一九一九年に発表）を書きあげることをとおして危機を脱したのです。

こうしてみると、「ヨブ記」と「反対の一致」は、危機におちいっていたユングやヘッセにメタノイア的な転換をもたらしたといえるでしょう。とすれば、「悔い改め＝回心＝メタノイア」とは、たんに倫理道徳的な次元にとどまるものではなく、むしろ、思考や認識のレベルで自分をおおっている枠組みや殻をうちやぶって、あたらしいものの見方を獲得し、世界や自己をちがう角度から見てみるということにほかならないのです。わたしたちは、人生の岐路《きろ》にあって、さまざまな方法で「悔い改め」すなわちメタノイアしていくことができるのだとおもうことは、ひとつのはげましであるとおもいます。それはまさしくこころの状態の切り替え、「心直し」であり、同時に、「言直し」なのです。

相談「罪悪感に苦しんでいるのですが、どうすればよいのでしょうか」

罪悪感という感情は、なかなかやっかいな感情ですね。「罪悪」という語感が示しているように、そこには「罪」の意識や「悪」いという意識が付着しています。ですから、罪悪感を感じるひとの倫理性がつよければつよいほど、罪悪感が増すことにもなります。おなじ行為をしても、まったく罪悪感を感じないというひとも、なかにはいるはずです。

かんたんな例をあげます。たとえば、校則をやぶるとか、未成年者でお酒をのむとか、タバコをすうとか、という行為は、ひとによっては、むしろ痛快というか、やってやろうじゃないかというような意気ごみさえおこってくるかもしれません。

ですので、罪悪感という感情には、個人差があり、そうした感情をもちやすいひとがいることもたしかです。

ぎゃくに考えると、倫理意識や道徳感のつよいひとほど、罪悪感をもちやすいという傾向はあるとおもいます。なので、罪悪感をいだいたときには、じぶんのなかの倫理意識がいかなるものなのかをよく吟味する必要があるとおもいます。そして、それがどのようなレベルの罪悪感なのかを、アセスメント（査定・評価）する必要があります。

というのも、ときに、理不尽な罪悪感に苦しんでいるときがあるからです。身の丈《たけ》をこえた罪悪感とでもいうか。根拠のない自信ならぬ、根拠のない罪悪感。

もちろん、よくよく考えていったら、「根拠のない自信」も、「根拠のない罪悪感」もなく、すべてになんらかの「根拠」があるはずですが、しかし、過大評価されたり、過小評価された「根拠」というものもあります。

わたしの例でおはなしします。一九九五年（平成七）三月二十日、地下鉄サリン事件がおき、その後のオウム真理教事件となっていきます。ちょうどその日は、四十四歳のわたしの誕生日でもあり、夜中に寝床で急にいままで体験したこともないような悪寒におそわれたこともあって、わたしは、地下鉄サリン事件とオウム真理教事件にたいして、つよい罪悪感をいだくことになり、かなり自暴自棄になったり、荒れたりしたこともあります。このようなことがおこるかもしれないという危険を感じていたにもかかわらず、それを止めることができなかった、じぶんは無力である、ダメな人間だ、そんな罪悪感や罪責感や自己処罰感にさいなまれ、酒量もどんどんふえ、自己憐憫や自己逃避のなかにおちこんでいきました。

いまからふりかえってみると、それは、根拠なき罪悪感というか、身のほど知らずの罪責感におちいっていたようにおもいます。むかしから、中庸《ちゅうよう》とか中道とかが説かれてきましたが、それは自己の状態と行動をバランスよくアセスメントしつつ、ほどよきアクションをするということかとおもいます。

このわたしの「根拠なき身のほど知らずの罪悪感」を木っ端みじんにしてくれたのは、神戸の少年Ａの事件でした。わたしはそのころ、埼玉県大宮市の大成中学校のＰＴＡの会長をしていたのですが、少年Ａ（酒鬼薔薇聖斗を名乗った少年）は、息子と同学年だったのです。その衝撃で、わたしはなりふりかまわず、じぶんでできることをするという、あたりまえのちいさな現実にまいもどることができました。

要は、むりをしすぎた罪悪感や罪責感や自己処罰感は、わが身をほろぼすことがあるので、適切なアセスメントによるか、外圧的ショックによるかはともかくとして、じぶんじしんの身の丈に応じた現実に立ちかえる必要があるということです。

適切なおこたえになっていないかもしれませんが、いまはそう考えています。罪悪感から逃げることはできません。罪悪感にむきあうほかすべはありません。でも、無理をしすぎないで！

第3章

こころの浄化法について――仏教のワザ

つぎに、「心直《こころなお》し」やメタノイア的な転換を仏教の歴史や思想のなかから見てみたいとおもいます。宗教に関心をもち、いくらか研究めいたことをしてきたわたしから見ると、仏教ほどガチンコで「心直し」を説いた宗教、あるいは哲学はないと断言できます。仏教は世界の宗教史のなかで、もっともふかく、本質的に「心直し」を説いた宗教・哲学です。仏教は、わたしたちが問題にしている「こころ」とは、ほんとうにそのように「ある」こころなのかを、あらゆる角度から分析し、チェックし、考察しました。そして、わたしたちが、こころにたいしていだいている常識をメタノイアしたのです。それが、「諸行無常《しょぎょうむじょう》」「諸法無我《しょほうむが》」や「縁起《えんぎ》・無自性《むじしょう》・空《くう》」という仏教独自の存在概念や認識概念になります。

いきなり、ちょっと哲学めいた話になってしまいましたので、すこしわが国の事例をひもときながら、仏教の文脈からこころの問題を考えていきましょう。

仏教が日本に伝来したのは、『日本書紀』によると、第二十九代欽明《きんめい》天皇の治世の十三年（西暦五五二年）ということになりますが、ほかの資料などを検討して、じっさいには、第二十八代宣化《せんか》天皇の治世の三年（西暦五三八年）であったとされます。欽明天皇も、宣化天皇も、第二十七代安閑《あんかん》天皇とともに、そのまえの第二十六代継体《けいたい》天皇の皇子たちで、兄弟どおしで皇位を継承していきました。このころに、百済から仏教が伝来し、聖徳太子《しょうとくたいし》の父の第三十一代用明《ようめい》天皇やその妹の第三十三代推古《すいこ》天皇（ともに欽明天皇の皇子や皇女）の時代に徐々に定着していくことになります。

日本の古代を考えるうえで、もっとも古い文献は『古事記』（七一二年編纂）と『日本書紀』（七二〇年編纂）です。『古事記』の記述は、推古天皇の御世でおわっていますが、なんと、推古天皇についての記述は、漢文の原文だとたったの一行か一行半しかありません。あえて「仏」や「仏教」のことを口封じしているようにしか見えません。

しかし、日本の国の正史であり、六国史《りっこくし》の筆頭の書とされてたいへん権威をもってきた『日本書紀』にはたいへんにくわしく仏教伝来のいきさつがしるされているのです。じっさいにその通りであったかどうかには、いろいろと議論があるところで、いくつかカモフラージュのような偽作もまじっているようです。とはいえ、それによって、だいたいのことはしられます。

1 − 和の国づくりの原理

この『日本書紀』の推古天皇の治世十二年（六〇四年）のくだりに、聖徳太子が憲法十七条をさだめたことが記載されていて、じつにはっきりと、仏教を国のささえとしてとりいれることが公言されているのです。

その第一条の冒頭には、つぎの有名な一文があります。

和をもって貴《とうと》しとし、忤《さから》うことなきを宗《むね》とせよ。人みな党《たむら》あり、また達《さと》れる者少なし

（中村元『聖徳太子』春秋社、による書き下し）

まず、まっさきに、「和」の価値が強調されているのです。そこで、日本のことを「和国」というようになり、日本風のことを「和風」といい、日本の伝統的な服装を「和服」とか、日本食を「和食」とかというようになります。その原点がここにあるのです。

――なによりも「和」を大切にしなければならない。「和」があれば争いはおこらない。人はみな群れたがって、「党」すなわちグループをつくりたがる。そして、その党利党略によって、たがいに争うことになる。そのような道理を見とおし、さとった者はとてもすくない。ようするに、国を乱す「不和」の原因は、この党利党略のもとになるエゴ（じぶんがいちばん大事だという考え）すなわち「我《が》」であり、「慢《まん》」であり、「欲」である。その争いのもとになる「我慢」や「我欲」をおさえ、しずめるためには仏教が必要なのである。――

このような考えが、憲法十七条の冒頭にしるされているのです。こうして、「和」を実現するための理念とその具体的方法論が、つぎの第二条の条文で示されます。

篤《あつ》く三宝《さんぼう》を敬へ。三宝とは、仏と法と僧なり。すなわち四生《ししょう》の終帰《よりどころ》、万国の極宗《おおむね》なり。いずれの世、いずれの人か、この法を貴ばざらん。人、はなはだ悪《あ》しきもの少なし。よく教うるをもて従う。それ三宝に帰《よ》りまつらずば、何をもってか枉《まが》れるを直《ただ》さん。

――悟ったひとであるほとけ（ブッダ）、仏教の真理（法・ダルマ）と悟りをもとめて修行につとめる出家者共同体（サンガ）をうやまい、たいせつにすること。この三つのたいせつな宝は、生きとし生けるもののよりどころである。またこれは、もっともすぐれた万国至上の教えである。だから、いつの世においても、どんなひとでも、この真理を尊ばないはずがない。人間には、極悪人などいない。適切な教えや導きがあれば、だれでもまっとうな道にしたがうものである。そのためには、篤く「三宝」に帰依《きえ》し、依拠しなければならない。そうでなければ、まちがいを正すことも、直すこともできない。仏教こそが、精神的ささえとなり、指標となり、模範となる最高の教えであり、規範である。それを、日本という国の精神原理とする。そうすれば、この国はほんとうの「和国」として、平和で、安心で、幸福にみたされた国となる。——

憲法第十七条の第二条で、そう宣言するのです。これは、すごいことですね。国の基本方針として、まず、和国づくり宣言をし、その方法論は、仏教を精神原理として採用するということを国内外に知らせるのですから。それも、当時の普遍思想である仏教を「四生の終帰」、また、「万国の極宗」とまでたたえて評価したのですから。

「四生」とは、「胎卵湿化《たいらんしっけ》」、つまり、母親の胎内からうまれてくるもの、卵から、湿気のなかからうまれでるもの、ものごとが変じてあらわれでるものの四つのうまれ方をさします。そんな、すべてのうまれてきたものが還《かえ》っていくところ、終着帰着点、それが仏教。そして、世界中のすべての国においてもっともすぐれたこのうえない真理の教え、それが仏教。こう宣言するのです。

こうして、「和国」は、「仏教国」を国の旗じるしとすることになります。それを、聖徳太子がさだめたというのです。

このように、憲法十七条の第一条と第二条で、和の国の方向性と根本方針・原理が示されるのですが、それをさらに具体的に応用した箇所が、第十条と第十四条です。第十条の「いかり（忿・瞋・怒）」を捨てなさい、第十四条の「嫉妬」を捨てなさいというメッセージです。

　こころのいかり（忿）を絶ち、おもてのいかり（瞋）を棄てて、人の違《たが》うことを怒らざれ、人みな心あり。心おのおの執《と》るところあり。かれ是《ぜ》とすれば、われは非《ひ》とす。われ是とすれば、かれは非とす。われかならずしも聖にあらず。かれかならずしも愚にあらず。ともにこれ凡夫《ぼんぷ》のみ。是非の理、詎《たれ》かよく定むべけんや。あいともに賢愚なること、鐶《みみがね》の端なきがごとし。ここをもって、かの人は瞋《いか》るといえども、かえってわが失《あやまち》を恐れよ。われひとり得たりといえども、衆に従いて同じく挙《おこな》え。（第十条）

――こころのなかにおこってくる怒りの気持ちを断って、その怒りを表に出さないようにして、他のひとがじぶんとちがっていることや異なった行為をしても怒ってはいけない。というのも、ひとはみなこころを持っていて、みなそれぞれに異なる考えやおもいやこだわりがあるからである。だから、相手がこれが正しいと主張しても、じぶんはそれを否定したり、そのぎゃくに、じぶんはこれが正しいと言っても、相手はそれをちがうと否定することもある。じぶんがかならず聖人で、相手がかならず愚者であるなどということはありえない。みんなふつうのひと、ただのひとである。であるから、正否の基準など、だれがよくさだめることができるだろうか。できやしないのだ。なぜなら、みな互いにお互いさまで、だれも、賢くもあるがどうじに愚かでもあるからだ。それは、円周をなす環に端《はし》がないようなものである。みんなつながり混じり合っていて大差がない。このような次第だから、相手が怒ったとしても、振り返ってじぶんに落ち度や間違いがあるかもしれないと恐れ反省してみることである。自分ではこれが正しい、絶対だとおもっても、まわりのひとの意見にしたがっておなじように行動しなさい。――

このように、こころのなかにおこってくる怒りの気持ちをしずめることを説くのです。これを同調圧力ととれば、衆愚政治にまっさかさまに落ちていくことになりますが、みんなで協力して和の国を努力してつくっていく「心直し」の努力目標であるととれば、それはポジティブな、積極的な平和実現への道となります。憲法十七条の最後の十七条で、「独断」はダメだ、大事なことはかならずみんなで議論をつくしなさい、と書いてある（「それ事はひとり断《さだ》むべからず。かならず衆とともに論《あげつら》うべし。小事はこれ軽《かろ》し。かならずしも衆とすべからず。ただ大事を論うに逮《およ》びては、もしは失《あやまち》あらんことを疑う。ゆえに衆と相弁《あいわきま》うるときは、辞《こと》すなわち理を得ん。」）ので、衆愚政治におちいらないよう歯止めはちゃんとかかっています。聖徳太子は細心のこころづかいをして憲法十七条を制定したのです。『日本書紀』の記述が事実とすれば、ですが。

それから、第十四条では、つぎのことが示されます。

> 群臣百寮、嫉妬あることなかれ。われすでに人を嫉《うらや》むときは、人またわれを嫉む。嫉妬の患《うれ》え、その極《きわまり》を知らず。このゆえに、智おのれに勝《まさ》るときは悦ばず。おのれに優《まさ》るときは嫉《ね》妬《た》む。ここをもって、五百歳にしていまし今賢に遇うとも、千載にしてひとりの聖を待つこと難《かた》し。それ賢聖を得ずば、何をもってか国を治めん。

——それぞれの部署で働く役人たちは嫉妬の気持ちをもってはならない。じぶんが相手に嫉妬したら、相手もまたじぶんに嫉妬するからである。というのも、この嫉妬の情には、限度というものがなく、身を滅ぼすもとになる。だから、たいがいは、じぶんより知に優れたひとを見ると喜ばず、じぶんより才能が優っているひとを見ると嫉妬することになる。けれども、そのようなこころと態度では、五百年たっても、賢者にあうことはおろか、千年をへても唯一人の聖人の出現を見ることもできないだろう。すぐれた聖人賢者の出現と働きなしに、はたして国を治めることができるだろうか。いや、できやしない。そのままでは国は劣化していくばかりである。だから、くれぐれも嫉妬の気持ちをおこしてはならないのである。——

「和」の実現のために、「いかり（忿・瞋・怒）」や「嫉妬」の抑制が説かれます。これはぎゃくに、いかに怒りや嫉妬をおさえることがむつかしいか、をよくあらわしています。なにしろ、「憲法」にしるさねばならないほど、しばしばおこってくるということですから。

弘法大師空海《こうぼうだいしくうかい》は『五部陀羅尼問答偈讃宗秘論《ごぶだらにもんどうげさんしゅうひろん》』と題する著作で、つぎのようにのべています。

魔は妄相より生ず　障を滅し心をして悟らしむ
魔王は妒慢《とまん》を懐いて　来つて誦持《じゅじ》の人を嬈《にょう》す
魔王は六欲に居《こ》す　その性多く嫉妒《しっと》あり（『弘法大師空海全集第四巻』筑摩書房、二〇一～二〇三頁）

ここでは、「魔」が妄想から発生し、「魔王」は嫉妬を本性とし、嫉妬と慢心によってひとのこころをたぶらかす魔的なものにたいする警戒心があらわれていますが、その魔の核心に嫉妬があるという認識はわすれてはならないとおもいます。
いずれにしても、憲法十七条が示すように、仏教は、こころと社会の安定秩序形成の基軸となり、基盤とされていき、日本という国の精神のコンパス（羅針盤）となったのです。

2 ― こころの処方

それでは、仏教は、さまざまな場面でふいに怒りや嫉妬やにくしみが立ちおこってくる、このうごいてやまない、制御のむつかしい「こころ（citta、チッタ）」をどのようにとらえていたのでしょうか？　ゴータマ・シッダルタ（ブッダ）は『法句経《ほっくぎょう》』の冒頭でつぎのようにのべています。

　ものごとは心にもとづき、心を主《あるじ》とし、心によってつくり出される。もしも汚れた心で話したり行なったりするならば、苦しみはその人につき従う。――車を引く（牛）の足跡に車輪がついて行くように。

　ものごとは心にもとづき、心を主とし、心によってつくり出される。もしも清らかな心で話したり行なったりするならば、福楽はその人につき従う。――影がそのからだから離れないように。

（『ブッダの真理のことば・感興のことば』中村元訳、岩波文庫）

ものごとが、こころのありようによって作りだされるという、このこころのとらえ方は、キリスト教のメタノイアのことをかなりくわしく取りあげてきたわたしたちには、とてもわかりやすく、みじかなものにおもえます。苦しみも、たのしさも、こころ次第、というのは、経験的に納得がいくおしえです。

しかし、です。そんなことは、わかっているけど、では、どうすれば苦しみのない、「福楽」のこころになれるの？ という問いがうまれてきます。むかし、「わかっちゃいるけど、やめられない」という植木等さんのヒット曲「スーダラ節」の一節があり、たいへん流行しましたが、ほんとうに、そうなのです。わかっているけど、やめられないのが、性格・性癖・嗜好という、そのひとにふかく根づき、定着してしまった行動パターンであり、そのような行動をうみだしてしまう思考パターンや感受のパターンです。

それをまずは瞑想《めいそう》的な認識によって、それとしてチェックし、うけとめます。それが今日風にいえばマインドフルネスになり、テーラワーダ（上座部《じょうざぶ》）仏教ではヴィパサナ瞑想になり、大乗《だいじょう》仏教（とくに天台宗）では止観《しかん》になります。ようするに、それをそれとしてみつめ、うけとめる、ということです。

こうして、こころこそ、こころのありようこそ、苦しみや福楽をもたらす基幹の働きであるととらえ、苦しみも福楽もこころのありようで決まると考えます。ものごとは、すべてこころにもとづいて生起する。こころによって作りだされる。だからこそ、こころの働かせ次第で、事態を変えることもできる。

たとえば、つぎのようにとらえて実行できるとき、「怨《うら》み」を手放すことができます。

この世においては、怨みに報いるに怨みを以てしたならば、ついに怨みの息《や》むことがない。怨みをすててこそ息む。これは永遠の真理である。（前掲）

とすれば、問題は「怨み」の捨て方ということになります。じぶんのこころを支配し、つきうごかしてしまうこころをどのようにして変えることができるのか。仏教はそのこころのシフトの仕方を教え、実修させるために、精緻なこころの哲学をうみだしました。ダライ・ラマ十四世（一九三五～）は、仏教を、宗教としての仏教、哲学としての仏教、科学としての仏教の三種に分け、科学としての仏教を認知心理学や神経科学ともつながる「感情の科学」と見ています。

3－「ありのまま」の探求

このような視点のさきがけは、ニーチェです。フリードリッヒ・ニーチェ（一八四四～一九〇〇）は、こころに生起する負の感情を「ルサンチマン（怨恨《えんこん》感情）」ととらえ、現代の哲学や宗教は「ルサンチマン」の解放をこそめざさなければならないと主張しました。そのニーチェからすると、キリスト教はルサンチマンの宗教になり、徹底的な批判の対象となりました。

それにたいして、ルサンチマンからの解放、あるいは負の感情の浄化法としての仏教をニーチェは評価します。たとえば、『この人を見よ』（原著一八八八年）のなかで、ニーチェは仏教のことを「精神の衛生学（Hygiene）」といっています。そして、ブッダを「あの深い生理学者」とたたえてもいるのです。これは、仏教を「感情の科学」としてとらえるダライ・ラマ十四世と共通の視点だといえます。

ニーチェから見ると、キリスト教をつきうごかしているのはルサンチマンです。負の感情におかされおおわれているのがキリスト教のドグマ（教義）や信仰や典礼だと見てとったニーチェは、視点を転じて、ブッダはルサンチマンからの解放という新しい福音を説く解放者であり、超人であり、仏教は未来哲学でもあるという見方を提示したとおもいます。

ブッダの悟りと説法から始まる仏教（仏法）は、人類史上もっとも精緻なこころの理論と卓抜した効果のある実践法（プラクシス）を示しています。仏教の旗じるしの三法印《さんぼういん》（三つの真理標識）の第一は、諸行無常《しょぎょうむじょう》、すなわち、あらゆるものごとは生成変化し常なるものはないという洞察でした。キーワードは「無常」です。

第二に、諸法無我《しょほうむが》、すなわち、あらゆる事象や存在はおもいどおりにはならず、また実体性も持たないという洞察で、キーワードは「無我」です。仏教では、固定した実在という考えが真実ではなく幻想にすぎないことをくりかえし指摘します。「無常」も「無我」も、実在や本来的な自己（アートマン・真我）という実体化の思想や永遠性の哲学を慎重に回避したとらえ方になります。

そのために、たましい（霊魂）や死後の世界（霊界など）については、「無記《むき》」、つまり、答えの出ない、あるいは矛盾し合う正反対の答えが出るような形而上学的な問いについては思弁もしないし答えもしないという、じつに賢明で、実際的な態度をとりました。仏教は、形而上学(Metaphysic)などではなく、具体的でプラグマティックなこころの処方こそが喫緊の重要問題であると考えました。

仏教の基本的な考え方は、なにごとも実体視しないということです。ですから、「無常・無我・無記」とか、「無心」とか、「無」という否定性をあらわすことばが多用されます。固定したものの見方や実体視を極力排して、とらわれのない、ありのままのすがたを「正見《しょうけん》」(八正道《はっしょうどう》の第一道)しようとします。

しかし、初期仏教から大乗仏教へと展開していくなかで、『大乗起信論《きしんろん》』や、それにもとづいて上書きされていった仏教思想書では、こころを「妄心《もうじん》(心生滅《しんしょうめつ》)」と「真心《しんしん》(心真如《しんしんにょ》)」ないし「本心《ほんしん》」に分けることになります。そして、その「本心」が「仏性」や「如来蔵」や「本覚《ほんがく》」と連鎖していくことになります。つまり、「無常」とか「無我」とか「無記」とか「無自性」とかの否定性を重視した初期の仏教の考え方から転じて、より実体的な、「真我《しんが》(アートマン)」的な肯定性を重視した心の哲学へと移行していくのです。注意すべきは、この「真心」とか「本心」の「真」や「本」です。たとえば空海は、『一切経開題《いっさいきょうかいだい》』のなかで、つぎのようにのべています。

如来はすなわちこれ本心なり。一切の妄念はみな本心より生ず。本心は主、妄念は客《かく》なり。本心を菩提心と名づけ、または仏心と名づけ、または道心と名づく。三世《さんぜ》の観《かん》をなすといえども、またつねに自性《じしょう》を見るにはおよばず。つねに自性を見る者はすなわち仏を見る。一切の万法は本《もと》よりこのかた動ずるところなし。(…中略…)

心に妄念なく、六塵《ろくじん》に染《じん》せざれば、仏はすなわちつねに心に在《いま》す。万法の主となるがゆえに心王と名づく。法界《ほっかい》を国とし、色身《しきしん》を舎とす。今すでに人身を受得すれば心王は中に処《よ》るがゆえに名づけて舎とす。これを仏の止住《しじゅう》の処と名づく。迷えばすなわち濁悪《じょくあく》の処、悟ればすなわち清《しょう》浄《じょう》の処にして、無染《むぜん》の境なり。また浄土と名づく。衆生の自性は本よりこのかた不生不滅にして虚空に同じ。修行の人すべからく本源を了すべし。もし本源を了せざれば、学法益《やく》なし。いわゆる本源とは自性清浄の心なり。本より起滅なし。起滅するはすなわちこれ妄心なり。妄心は亀《き》毛兎角《もうとかく》のごとし。もろもろの妄念は本自無性なりと了するを諸仏と名づく。よく心を知ればこれ仏なり。(『弘法大師著作全集第二巻』筑摩書房、四四五～四四七頁、一九八三年)

ここでは、如来すなわちほとけのこころが、「本心」とか「本源」とか、「菩提心」とか「仏心」とか「道心」とか「自性清浄心」とされ、こころの自性を見るものとされます。『大日経』第一住心品《じゅうしんぼん》では、それは「如実知自心《にょじつちじしん》」(実の如く自心を知れ)という命題として説かれます。

空海は、この「如実知自心」を、主著の『秘密曼荼羅十住心論《ひみつまんだらじゅうじゅうしんろん》』や『秘蔵宝鑰《ひぞうほうやく》』のなかで、もっとも低次な「異生羝羊心《いしょうていようしん》」からもっとも高次な大日如来のこころである「秘密荘厳心《ひみつしょうごんしん》」までの、こころの十段階のグラデーションとして提示します。それはめくるめくような、じつにスペクタクルなこころ(意識)の梯子《はしご》のショーアップで、その論述には幻惑されてしまいます。

いずれにしても、この「如実知自心」は、古代ギリシャのデルフォイのアポロン神殿の額《がく》にしるされた「汝自身を知れ」にもつうじる格言的命題だとおもいます。じぶんのこころをありのままに見つめなさい、ということ。そして、そのこころの振幅と可能性におもいをいたしなさい、ということ。

いまからおよそ四十年前、三十歳のときに、わたしはひとりで子どものころからあこがれていたギリシャのデルフォイに行きました。アテネからバスにのって数時間もゆられたでしょうか。雲ひとつない、ぬけるように蒼い空のしたに、いまは廃墟となったアポロン神殿がありました。

むかしはここにおおくのひとがおとずれて、アポロン神の神託を乞うたのでした。けれどもいまはどのような神託も発せられることはなく、まっぴるまのなにひとつかげりのない陽光のなかに、あかるい廃墟があるばかりでした。かつては、ギリシャ随一の権威をもち、「汝自身を知れ」という格言がこの神殿の額にかかげられていたはずです。

わたしは、神殿の横から背後にあるパルナッソスの山に登りました。そして、だれもいない山頂で裸になって龍笛《りゅうてき》をふきました。小学五年の時、『古事記』をよみ、つづけざまにすぐギリシャ神話をよんでからこのかた、わたしはずっとギリシャにあこがれていました。そしてそのあこがれは、いつかギリシャに行ったら、かがやく陽光のしたで素裸になって、そのあふれんばかりの光を一身にうけたいとおもいつづけてきたのです。三十歳の夏に、ようやっと子どものころからの夢を実現したのです。それをだれかに見られたら、かなりあやしかったとおもいますが。

わたしは、素裸で神道の祝詞《のりと》を奏上し、龍笛で「越《え》天楽《てんらく》」をかなでました。そのとき、ダダダ～ンと爆発するような大きな音で空が鳴ったのです。わたしは、ふいに、ダイナマイトで山を爆破しているのだとおもって、かなしくなりました。観光客相手のリゾートホテルを建てるために、山を切りくずしているのだ。そうおもいこんでしまったのです。

たったひとりの儀式をおえて、宿の近くのタベルナ（大衆食堂）にはいり、おそい昼食をとりました。腹ペコのわたしがその昼食にくらいつこうとした瞬間、これまで経験したことのないほどのはげしいスコール（大雨）がおそってきたのです。そして、強烈な閃光がはしり、だいぶたってから、ダダダ～ンとものすごい大音響が空に鳴りひびいたのです。それは、じつは、カミナリだったのです。わたしは、雷の音を、ダイナマイトの爆破音と聴きまちがえていたのでした。

その夜、わたしはふしぎな夢を見ました。

わたしは、ひとり、泉の前に立っていました。その泉から金色の湯けむりが立ちあがってきます。それを見ていて、そこに近づいていって、そのなかに飛びこんでみたいという気持ちがおこってくるのですが、その泉があまりにも神々しくて、おそれおおい気がして、畏怖の念を感じてちゅうちょしてしまいました。そのとき、とつぜん、金色の泉のなかから声が聴こえてきたのです。

その声は、こういいました。

「美しいものを美しいものとして見るのではなく、醜いものを醜いものとして見るのでもなく、ただありのままに見つめよ。」

そして、わたしの未来についてのふしぎな予言がつづいたのです。わたしはその夢を見ながら、当然のように、このようなことがおこることをうけとめていました。それは、ふしぎで、神秘的な夢でしたが、子どものころからギリシャにあこがれ、夢見ていたわたしにとっては、なにか、必然的に出逢ったことばであり、メッセージのようにおもえたのでした。それは、いまとなっておもえば、「汝自身を知れ」という命題のべつのいい方だったとおもいます。そしてどうじに、それは、「如実知自心」（じぶんのこころをありのままに知る）という命題の確認でもあったとおもうのです。

わたしは、このときいらい、「ありのまま」ということばとそのあり方をさがしもとめることになりました。そして、本格的に仏教のこころの探究の内実にちかづいていきました。

4 ― 心のこころ・観の目

吉川英治《よしかわえいじ》（一八九二～一九六二）の人気長編小説『宮本武蔵』（一九三五年から連載開始。全六巻、一九三六～三九年、講談社）のなかで、宮本武蔵《みやもとむさし》（一五八四～一六四五）に「こころ」のありようを指南したといわれる沢庵宗彭《たくあんそうほう》和尚（臨済宗、一五七三～一六四五）は、『不動智神妙録《ふどうちしんみょうろく》』で、「妄心」

と「本心」について、つぎのようにのべています。

本心と申すは一所《ひとところ》に留《とどま》らず、全身全体に延びひろごりたる心にて候。妄心は何ぞ思ひつめて一所に固り《かたまり》候心にて、本心が一所に固り集りて、妄心と申すものに成り申し候。本心は失せ候と、所々の用が欠ける程に、失はぬ様にするが専一なり。

たとへば本心は水の如く一所に留らず、妄心は氷の如くにて、氷にては手も頭も洗はれ不レ申候。氷を解かして水と為し何所《いずこ》へも流れるやうにして、手足をも何をも洗ふべし。

心一所に固り一事《ひとつこと》に留り候へば、氷固りて自由に使はれ申さず、氷にて手足の洗はれぬ如くにて候。心を溶かして総身へ水の延びるやうに用ゐ、其所《そこ》に遣《や》りたきまゝに遣りて使ひ候。是を本心と申し候。（『沢庵不動智神妙録』七七〜七八頁、池田諭訳、タチバナ教養文庫、二〇一一年）

ここでは、「本心」というキーワードが形而上学的で観念的な説明ではなく、きわめて身体的な次元で、示唆にとむいい方がされています。「本心」とは、ひとつのところ（一所）にとどまっているようなものではなく、「全身」にひろがっているこころであるというのです。それにたいして、「妄心」は一所に凝り固まって、うごこうとしない。凝固《ぎょうこ》してかたくなな、わが身にとりついて離れないこころです。「本心」は水のように他者にあわせて自由自在にすがたを変えることができるけれども、「妄心」は氷のように冷たく固まってしまう。

禅の達人の沢庵和尚がいうこのような「妄心」と「本心」のちがいを、「不自由心・執着心・我執心」と「自由心・開放心・無心」といいかえることができるかもしれません。氷のように凝り固まったこころと、水のように溶けてどこにでも流れ出していくこころ。沢庵和尚は、恐怖とか執着とか迷いというのは、その瞬間に凝り固まって緊張してしまい、わが身とこころをしばりつけて、自由自在にうごくことをさまたげる固いこころだといっているのです。そうしたこころの状態で、相手に勝つことはぜったいにできないよ、と「二天一流《にてんいちりゅう》」の宮本武蔵にさとしたことでしょう。武蔵はそのことばをきいて、膝をうって納得したことでしょう。

じつは、わたしの住んでいる京都市左京区一乗寺《いちじょうじ》には、「一乗下がり松」というところがあります。ここで武蔵が吉岡清十郎の一門と決闘したと吉川英治の『宮本武蔵』にしるされているので、それをめあてにおとずれるひともすくなくありません。じっさいに、宮本武蔵がこの一乗寺で吉岡道場の剣士たちと決闘したかどうか、またそのころ沢庵和尚から『不動智神妙録』で説かれたような「本心―妄心」論を聞いていたかどうかも確かではありません。たぶん、想像力ゆたかな吉川英治の創作なのでしょう。

であるとしても、宮本武蔵がじぶんの著作で、ふたつのこころのあり方のちがいを説いていることは事実です。武蔵は、『兵法《へいほう》三十五箇条』のなかで、「意のこころ」と「心のこころ」という、ふたつの「こころ」のちがいを指摘しています。そして、具体的に、「意のこころかろく、心のこころおもく」と注意をうながしているのです。つまり、「意のこころ」とは表層的なゆれうごく自意識、そして「心のこころ」とは奥そこにどーんと陣取っている深層的な無意識。そのようにいうことができるかもしれません。たたかうときには、この表層的な意識をかるくして注意をはらい、深層的な意識をふかく不動のものとしながら、でーんとしずまっていることが肝要であると指南しているのだとおもいます。

また、最晩年の兵法書『五輪書《ごりんのしょ》』「水之巻」では、つぎのように、「うえ（上）の心」と「そこ（底）の心」というふたつのこころのちがいが指摘されています。

> 兵法の道におゐて、心の持ちやうは、常の心に替《かわ》る事なかれ。常にも、兵法の時にも、少しもかはらずして、心を広く直《すぐ》にして、きつくひつぱらず、少しもたるまず、心のかたよらぬやうに、心をまん中におきて、心を静かにゆるがせて、其《その》ゆるぎのせつなも、ゆるぎやまぬやうに、能々《よくよく》吟味すべし。静かなる時も心は静かならず、何とはやき時も心は少しもはやからず、心は躰《たい》につれず、心に用心して、身には用心をせず、心のたらぬ事なくして、心を少しもあまらせず、うへの心はよはくとも、そこの心をつよく、心を人に見わけられざるやうにして、少身《しょうしん》なるものは、心に大きなる事を残らずしり、大身《たいしん》なるものは、心にちいさき事を能《よ》くしりて、大身も小身も、心を直にして、我身のひいきをせざるやうに心をもつ事肝要也。心の内にごらず、広くして、ひろき所へ智恵を置くべき也。（『五輪書』岩波文庫、四三〜四四頁、一九八五年）

このような記述をよむと、宮本武蔵というたぐいまれなる兵法家・武芸者が、いかにこころの働きに注意をはらい、そのこころの「用心」に心をくだいてきたか、ひりひりと身にせまってきます。どんなときでも、こころを「広く直ぐ」にできたら、なんとすばらしいことでしょう！　それができずに、いつのまにか、こころが屈折・屈曲し、ねじけたり、ゆがんだり、いたんだりして、なんとか均衡をたもとうと必死になってあたふたする。そんな毎日をすごしてしまうことが多いのではないでしょうか？　「心を広く直にして、きつくひっぱらず、少しもたるまず、心のかたよらぬやうに、心をまん中におきて、心を静かにゆるがせて、其《その》ゆるぎのせつなも、ゆるぎやまぬやうに」することを、いつも心がけたいものです。戦乱の世において、激烈な戦闘の場からいくたびも修羅場をくぐりぬけてきた宮本武蔵という百戦錬磨の兵法家ならではの心論だとおもいます。

「身」には「用心」せず、「心」に「用心」しつくす。武蔵は、経験に即して、それほどこころが制御しにくいものだという現実的な認識をもっていたのでしょう。重要なことは、そのこころの用心をするさいに、「上の心は弱く」しても、「底の心は強く」もつことに注意をうながしている点です。沢庵和尚の「妄心」と「本心」のように、ここでも、武蔵は、二種のこころを区別しているのです。「上の心」とは、『兵法三十五箇条』でのべた「意のこころ」と同じで、表層的・表面的な意識だとおもいます。それにたいして、「底の心」とは同書でいう「心のこころ」のことで、そのひとの基盤となる深層的意識でしょう。

　武蔵は、このふたつのこころを区別しつつ、「二天一流」の二刀流の小太刀と大太刀のようにうまく相乗的かつ相補的に使いわけ、使いきるのです。小さな刀の小太刀は、すぐさま振れて反応できる「意のこころ」の象徴物です。それにたいして、おもいきりふりおろさなければ切れない大きな刀の大太刀は、じっと奥のほうにひかえていて最後の最後で勝負する「心のこころ」の象徴物です。小太刀は天にある月、大太刀は天にある太陽。太陽はすがたかたちは変わりませんが、月は日々すがたかたちを変えていきます。そのような変化してやまぬ月という小太刀を左手にもって、相手をけん制しつつ、じぶんの調子をたしかめ、右手にはかたちを変えることのない太陽のごとき大太刀をもって、相手のまえにたちはだかるとき、さぞかし相手は、その自在で奥ふかい兵法におそれおののいたことでしょう。

もうひとつ、『五輪書』「水之巻」のなかで、武蔵は「見《けん》の目」と「観《かん》の目」という、ふたつの「目（意識・心）」を区別しています。武蔵はこういいます。

目の付けやうは、大きに広く付くる目也。観見の二つの事、観の目つよく、見の目よはく、遠き所を近く見、ちかき所を遠く見る事、兵法の専也。敵の太刀をしり、聊《いささ》かも敵の太刀を見ずといふ事、兵法の大事也。工夫有るべし。此眼付、ちいさき兵法にも、大きなる兵法にも、同じ事也。目の玉うごかずして両わきを見ること肝要也。かやうの事、いそがしき時、俄《にはか》にはわきまへがたし。此書付を覚へ、常住此目付になりて、何事にも目付のかはらざる所、能々吟味あるべきもの也。（同四六〜四七頁）

武蔵は、「目の付けやう」に、二種類あるといいます。それは、「見」の目付《めつ》けと「観」の目付けのふたつです。このうち、「見」の目付けが弱い目付けで、それにたいして、「観」の目付けは強い目付けです。「敵の太刀」をじっと見つづけるようではだめ。負けてしまう。遠いところを近くに見、近いところを遠くに見るためには、一点凝視するような、焦点化する目付きではだめです。そうではなく、どこにもフォーカシングしないで、しかし、全体を見る。目の玉を動かさずに、両脇を見ることができなければならない。これができなければ勝負に負けるのです。

武蔵はそのことを、真剣勝負をとおして、いやというほど肌身に感じとっていたのでしょう。焦点化したら負ける。注意と集中が一点化するために、全体を察知することがおろそかになる。それでは、相手のスキがどこにできるか、瞬時にはわからない。かえって、自分のスキを相手にさとられてしまう。その微妙な間合いを武蔵は経験的に察知したのです。そのような経験知と、そこでのこころの働きと働かせ方が、とてもユニークな視点と表現でのべられていて、たいへん参考になります。

5 − 草木国土悉皆成仏

一乗寺には曼殊院門跡《まんしゅいんもんぜき》というとても格式の高い天台宗の門跡寺院があり、そこまでいたる道を「曼殊院道」とよんでいます。そして、その道が比叡山の雲母坂《きららざか》にまでつながっていて、そこをたどると比叡山《ひえいざん》山頂や延暦寺《えんりゃくじ》に行きつくことができます。

わたしはこれまで、その比叡山に六七〇回ほどのぼっています。「東山修験道」と称して、おもに雲母坂をのぼって、ケーブル比叡駅を越え、人工スキー場跡も越え、つつじが丘にいたり、そこに鎮座ましますお地蔵さま群のまえで般若心経《はんにゃしんぎょう》や各種真言をとなえ、六方拝《ろっぽうはい》をすませたあと、天地人に祈りをささげる行為としてバク転を三回おこないます。これが、東山修験道行者であるわたし独自の儀礼行為ですが、この比叡山登拝行をとおして、なぜこの比叡山のなかで天台本覚思想とよばれる日本天台宗流の「即身成仏《そくしんじょうぶつ》」思想が発展したのか、考えつづけてきました。

天台本覚思想のキーワードは、もちろん、「本覚」で、さきにのべた『大日経』の「如実知自心」のように、自己の本心を覚る、つまり「本覚」する、あるいはすでに「本覚している」ことをありのままに確認するという思想に行きつきます。そこでは、「真如（ありのまま）」という概念とあり方が究極の相《そう》（究境《くきょう》）とされ、そこから、「草木国土悉皆成仏《そうもくこくどしっかいじょうぶつ》」という命題がみちびかれてきます。

ふつうの仏教徒や仏教修行者であれば、悟りをひらいて成仏できるのは、こころをもっている人間だけだと考えるでしょう。ブッダも、くりかえし、こころを清らかにすることを説いているのですから。現代のマインドフルネス瞑想にまでつながるこころの浄化法としての仏教が、仏教の基本路線とするならば、悟りや成仏はこころをもった存在に限定されるはずです。

でも、日本仏教はそのようには考えなかった。伝教大師最澄《でんぎょうだいしさいちょう》（七六七〜八二二）にはじまる日本天台宗は、こころをもつとは断定できない「草木国土」まで成仏するといっているのですから。なぜこのような暴論とまでおもえるような極端な考え方が比叡山にうまれてきたのでしょうか？

インド哲学や仏教思想にくわしい中村元《なかむらはじめ》さん（一九一二〜九九）は、『東洋人の思惟方法』（上下、みすず書房、一九四八年）を皮切りに、『中村元選集第1巻　インド人の思惟方法』『第2巻　シナ人の思惟方法』『第3巻　日本人の思惟方法』『第4巻　チベット人・韓国人の思惟方法』（春秋社）として分冊・再版していきます。その『第3巻　日本人の思惟方法』の「第二章　与えられた現実の容認」のなかで、つぎのようにしるしました。

　中世の日本においては、草木にも精神があり、さとりを開いて救われることもできるという思想が一般に行なわれていた。すなわち、非情（＝精神をもたない自然界の物体）も成仏するという思想は、天台の諸法実相の観念にもとづいて成立したものであるが、日本においては、とくに強調された。日本天台においては重要な研究課題であり、日蓮宗にも継承され、日蓮は、『法華経』が草木成仏をも説いているということのうちに、法華経の優越性を認めようとしている。日本の仏書においてはしばしば「一仏成道《いちぶつじょうどう》して、法界を観見《かんけん》せば、草木国土、悉く皆な成仏す」という詩句がのせられている。このような見解は謡曲《ようきょく》のうちにしばしばあらわれ、当時の社会的・宗教的通念となっていた。「かかる貴き上人の御法《みのり》の声は、草木までも、成仏の縁ある結縁なり。……衆生称念必得往生の功力に引かれて草木までも仏果に至る。……朽木の柳の精、御法の教なかりせば、非情無心の草木の台に到る事あらじ。」（『遊行柳』）。謡曲の『胡蝶』は法華妙典の功力によって虫の成仏することをいい、『杜若』『西行桜』『藤』『芭蕉』は草木成仏をいい、『殺生石』はもともと仏たりうる性質はあるのであるが、衣鉢《いはつ》を授けることによって石を成仏せしめるのである。近世になっても浄瑠璃『三十三間堂棟由来』においては、浄土真宗の信仰に関連せしめ、柳の木が成仏するということを主題としている。「末世に栄える本願寺、あみだの血脈退転なく、後五百年の末法有縁、草木国土皆成仏。」

日本の中古天台の口伝法門においては、草木成仏の思想をさらに一歩進めて「草木不成仏」を説くにいたった。その説によると、ありとあらゆるものが、いかなる修証（修行やさとり）をも借りることなく、そのまま仏である。草木のみならず山河大地一切がそのまま本有本覚（本来存するさとり）の如来なのであり、仏という別のものになるのではない。だから不成仏なのである。

ここにおいて現実肯定の思想が行きつくところまで行きついたということができるであろう。草木にまでも精神性を認めるという思想は、インド仏教にもすでにあらわれている。のみならずインドの哲学諸学派がこのような見解を採用している。しかしインドの多くの哲学思想によると、生きとし生けるものは明知（vidyā）によって解脱しうるのであって、草木が草木のままで成仏するという思想は説かれていないようである。（…中略…）

日本人は山川草木を愛し、自然にあこがれた。日本人の衣服の模様には花鳥草木を描き、料理にも季節のものを用い、原形なきまでには調理せず、できるかぎり自然のままのかたちを尊重する。（…中略…）日本人は感覚的な自然世界の美を尊重し、そこに絶対の世界の顕現を認めようとする。（…中略…）ここには、自然世界を呪わしいもの、陰惨なものと見なす見解は少しも存在しない。（…中略…）

それでは、日本人一般のあいだに、与えられた現象世界に即して絶対者を把捉するとか、あるいは自然を愛好するとかいう思惟方法の特徴があらわれたのは、なぜであろうか？　日本の風土は概して気候が温和で風光がうるわしい。湿潤なる気候は、モンスーン地帯のなかでも、とくに草木を密生させ、しかもそれが人間にとって威圧的なものとはならず、むしろ人間に親和感を与える。日本の風光がうるわしいということは、かならずしも日本人の独断とかお国自慢ではなくて、日本へきた外国人あるいは日本へきたことはなくても日本の映画を鑑賞する外国人がひとしく発する評価のことばである。この風土においては、自然は人間に敵対するものでもなく、また威圧するものでもなく、むしろ親和感をもってわれわれを迎えるものと感ぜられた。そこで、その結果として、自然は人間にとって比較的に恵み深いものであると受け取られた。もちろん天災地変が多いということは日本の国土の一つの大きな特徴であるが、それらは一時的な現象であり、毎日二十四時間を通じて人間に対している自然は、心理的には明らかに異なった印象を与える。そこで日本人は一般に自然を嫌わないで、むしろ愛好し、また自然を恐ろしいもの、威圧的なものとも考えないで、むしろ親しいものとみなした。したがって自然は人間に対立するものではなくて、むしろ人間と一体になるものと考えられた。（三一～三二頁）

中村元さんによると、もともとすでにインドに、草や木にも精神性をみとめるような、いわば森羅万象にたましいの宿りや働きをみるアニミズム的なものの考え方はあったが、それはしかし、精神性はみとめても、「明知《めいち》」という悟りの智恵をえて成仏するという考えではなかった。しかし、仏教が中国大陸や朝鮮半島をへて日本にはいってくると、草木など、いっぱんにこころなきもの

（非情）ととらえられているものも成仏するという「非情成仏」の考え方がうまれてきて、そこから「草木成仏」といういい方がでてきた。さらには、それがいっそうすすんで、本来的にすべての存在がありのままに真実のすがたをあらわしているという天台宗の「諸法実相《しょほうじっそう》」のとらえ方にもとづいて、「草木不成仏」、すなわち、草木もそのままでもともと仏であるとして「草木成仏」を逆説的に徹底し、草木だけでなく、国土などもふくめ、みなそのままで「本有本覚の如来」であり仏であるという考えにいたった。ということになるでしょうか。

　こんがらがりそうなので、すこし話を簡単にして、整理してみます。

①「仏」とは「悟りを開いた人」、すなわち「Buddha（覚者）」を意味した。

②日本では、のちに、死者のことを「ほとけ」といったり、死ぬことじたいを「お陀仏」とか「お釈迦になる」といったりするようになるが、最澄や空海以降、平安時代ぐらいから、「ほとけ」の概念がかなり拡張されていった。

③その延長線上に、平安時代に、天台宗の僧侶安然《あんねん》（八四一〜九一五？）、良源《りょうげん》（九一二〜九八五、第十八世天台座主《ざす》）、源信《げんしん》（九四二〜一〇一七）、忠尋《ちゅうじん》（一〇六五〜一一三八、第四十六世天台座主）らがでて、「煩悩即菩提」とか、「草木国土悉皆成仏」という天台本覚思想がうまれた。草木も国土（仏国土）もみな成仏する、いや、本来成仏しているととらえる思想がうまれた。

　この「悉皆成仏」思想は、いってみれば、究極の全員・全存在成仏思想です。厳しい一定の修行のすえに正覚《しょうがく》を得て仏になるという仏教本来の思想と実践からすれば、ありえないほどの飛躍ではないでしょうか。しかし、このような「草木国土悉皆成仏」と命題化される天台本覚思想が比叡山で発展したのです。

中村元さんをはじめとする東京大学のインド哲学・仏教学の学統をうけついだ仏教学者の末木《すえき》文美士《ふみひこ》さんは、『草木成仏の思想—安然と日本人の自然観』（サンガ、二〇一五年）で、この問題をさらに精密に考察し、「草木国土悉皆成仏」という本覚思想のはじまりが天台僧侶であった安然のあらわした『斟定草木成仏私記《しんじょうそうもくじょうぶつしき》』にみられるとつきとめ、つぎのように指摘しています。

> 本覚思想においては、草木にありのままのすがたをそのまま成仏のすがたと見るが、これもその根底に安然的な真如を考えると分かりやすい。草木は草木のまま、地獄は地獄のまま、無常は無常のままでよい、というのは、それらがすべて真如の随縁したすがただと考えれば、理解できる。ただ、本覚思想においては、その背後の真如の原理を外してしまうのである。そうなると、多様な現象が、統一する「一」なるものなしに、多様なままにばらばらに認められることになる。
> 草木を含む非情の環境世界も、主体である有情世界も、すべてが同等に真如でおおわれることにより、その区別がなくなる。それ故、有情が自ら成仏するのであれば、非情もまた自ら成仏すると考えられなければならないことになる。こうして、『斟定草木成仏私記』で提出された草木自成仏説は、真如を根底に置くことで、ひとまず安然としての解決に至ったことになる。（一九頁）

天台宗第三世座主円仁《えんにん》（七九四〜八六四）の弟子で五大院阿闍梨《あじゃり》とよばれた安然は、『教時問答』

のなかで、「煩悩即菩提・生死即涅槃《ねはん》・凡夫即諸仏」などという「反対の一致」の論理を全面展開していきます。そして、その根拠として、そうした連続性や即時転換や即時接続や変容が可能となるのは、それをつなぐ根源的な仏力として「真如」が存在するからだと考えたのです。そこからさらに、『三十四箇事書《さんじゅうしかのことがき》』のなかの「草木成仏の事」などで、そうした根源的な実体力をも削除した「ありのまま主義」が誕生して、それが天台本覚思想の典型的な論法となっていったと末木さんは推測しています。

いっぱんに人間的なこころをもたないと考えられた草木や国土などの諸存在が悟りを得たほとけそのものであるという、絶対平等の総ざらいの成仏思想は、究極の成仏思想で、非現実に見えますが、それがそのとおりならば、どれほどすばらしいことかとおもわせるパラダイス的（仏教的には浄土的というべきですが）な魅力をもっています。

「伝源信」と仮託された『三十四箇事書』に、「草木成仏の事」という一節があります。そこには、かなりまわりくどい、もってまわったような「草木成仏」の論理が展開されています。

一家《いっけ》の意《こころ》、依正不二《えしょうふに》の故に、草木成仏の事、疑ひなし。ただし、異議無尽なり。常の義のごとし、云々。今の意は、実に草木不成仏と習ふ事、深義なり。所以《ゆえ》はいかん。草木は依報《えほう》、衆生は正報《しょうぼう》なり。依報は依報ながら、十界の徳を施し、正法《ママ》（正しくは「正報」か）は正報ながら、正報の徳を施す。もし草木成仏せば、依報滅じて、三千世間の器世間に減少あらん。故に、草木成仏は巧《ぎょう》に似るとも、返つて浅に似たり。余も、これに例す。地獄の成仏、餓鬼の成仏、乃至菩薩の成仏、皆しかなり。その体を捨てずして己心《こしん》所具の方を施設《せせつ》する故に、法界に施すなり。もし当体を改めば、ただ仏界なり。常住の十界全く改むるなく、草木も常住なり、衆生も常住なり、五陰《ごおん》も常住なり。よくよく、これを思ふべし。

ただし草木成仏と説く事は、他人の情を破さんがための故に。他人の意の云く、草木はただ草木にして、生界《しょうかい》・仏界の徳なしと。一向《いっこう》ただ非情にして、有情にあらずと。故に、これを破す。一家の意は、草木非情といへども、非情ながら有情の徳を施す。非情を改めて有情と云ふにはあらず。故に成仏と云へば、人々、非情を転じて有情と成ると思ふ。全くしからず。ただ非情ながら、しかも有情なり。よくよく、これを思ふべし。

（『日本思想大系９　天台本覚論』一六七頁、岩波書店、一九七三年）

岩波日本思想体系本では、この引用の冒頭の「依正不二の故に、草木成仏の事、疑ひなし」の一文は、「衆生と環境は不二・一体なるゆえ、衆生成仏すなわち草木（環境）成仏である」と訳注されています。そして、そのあとの「草木成仏せば」には、「草木成仏ならば、環境（依報）世界に異動が生ずることになり、ひいては世間相そのまま常住ということに反するものとなる。実には、草木そのまま常住の仏のすがたであって、その意味では、むしろ草木不成仏というべきこと」と訳注をつけています。

ここでは、「草木成仏」は、それほど簡単なものではありません。というのも、「草木」という環境世界が成仏するとなると、そこに変化異動があり、環境世界の減少がおこり、つきつめれば環境世界もなくなってしまうということになるので、単純に「草木成仏」とはいえないからです。だから、「草木不成仏」というほうがより正確なふかいいい方になります。それも、「不成仏」というかたちでのほとけ（成仏）です。すべてがそのままで成仏することになります。

こうして、「草木非情」、つまり「有情」のようにこころをもつものではないけれども、「非情」でありながら「有情の徳」をもつのであり、「非情」から「有情」に転換して成仏するようなものではない、ただただ「非情ながら、しかも有情」である、というのです。非情即有情、非情且有情、草木成仏即草木不成仏、成仏且不成仏、これはまさに「反対の一致」ですが、そのような逆説的ないい方をとおして、そのままの、ありのままの成仏のすがたと世界をときあかすのです。

比叡山に六七〇回ほどのぼりながら、いつもこのような「草木成仏・不成仏」を説く天台本覚思想のことを考えます。なぜここで、この地で、この時代に、このようなじつにまわりくどくけむにまくような思想がうまれてきたのだろうか、と。

このとき、ひとつの補助線をひくと、事態が立体的に見えてくるようにおもいます。「草木成仏」論をもっともはやく思議した安然のほぼ同時代人で、十歳ほど年長の同門の天台僧に、相応《そうおう》（八三一〜九一八）という人物がいます。その相応は、天台宗でもっともきびしい修行のひとつだとされる千日回峰行《せんにちかいほうぎょう》の創始者とされる人物です。相応は、『法華経』第二十常不軽菩薩品《じょうふきょうぼさつほん》に描かれた、出逢ったすべてのひとびとを礼拝する常不軽菩薩の行為と思想にもとづいて、すべてのものに仏性（如来蔵）を見いだし、「一切衆生悉有仏性《いっさいしゅじょうしつうぶっしょう》」（いっさいの衆生はことごとく仏性あり）と礼拝してまわる修行として、千日回峰行をひらいたとされています。

この相応も安然もともに円仁の弟子です。「草木成仏」の問題をつきつめていった安然の目の前には、この相応がいたのですから、比叡山における相応の万人万物礼拝行（初期千日回峰行）の行《ぎょう》的世界が見すえられていたと推測できるのではないでしょうか。万人万物礼拝行にも刺戟されながら、安然はすべての存在がそのまま成仏する思想として「草木成仏・不成仏」の論理を追及していった。比叡山のふもとに住みつき、比叡山になんどものぼりながら、「草木国土悉皆成仏」の思想がうまれ、うけつがれていったその伝統と背景をこのように考えるようになりました。ここには、平安時代の山岳仏教の拠点であった比叡山における修行と教学思想の相乗作用的で相互補完的な、インタフェースするダイナミズムが発動していたとおもうのです。

「一仏成道観見法界、草木国土悉皆成仏」の思想は、回峰行などによる行の裏付けなしには促進されることはなかったとわたしはいいたいのです。じっさい、比叡山の山中をあるき、うつくしい光かがやく琵琶湖の水面やさまざまに色を変えていく山並みや植物の生育を日々見ていると、それらがそのままほとけと浄土の光景に見えてくるのもよくわかります。命あるものはそのままでうつくしく、完成されている。つけくわえるなにもない。そのままでほとけであるというのが、山岳修行者の実感であったでしょう。のちに体系化されていく天台系や真言系の修験道も、このような本覚思想を内包した即身成仏思想をもっています。

修験道とは、この身をもって天地自然のなかに分け入り、その気やエネルギーにひたされ、いぶかされて、天然自然のちからと叡智を五感・六感すべてで感受し、それを有情無情の存在世界に調和的につなぎ循環させていく知恵とワザの体系であり修道です。その知恵とワザは、「生態智」の獲得であり、体現です。

生態智とは、「自然にたいする深く慎ましい畏怖・畏敬の念にもとづく、暮らしのなかでの鋭敏な観察と経験によって練り上げられた、自然と人工との持続可能な創造的バランス維持システムの知恵と技法」です。そこには、なによりも、自然にたいする畏怖・畏敬とふかい感謝の気持ちがあふれています。比叡山が比叡山として、あるいは高野山が高野山として、あるいは富士山が富士山として、阿蘇山や木曾御岳山がそれとして、このようにかけがえのない尊いすがたとかたちで存在すること。そこに、それらの地の神々も諸仏諸菩薩もおわすこと。その神仏のうてなとしての比叡山や高野山など、各地の山水・自然。それは自然法爾《じねんほうに》そのままの浄土世界です。世間は煩悩とあらそいごとに満ちているけれども、ここはそれらをすべて吸いとって、泥の池に咲く蓮のように、それじたいで満ちています。石牟礼道子さんではありませんが、「苦海即浄土」です。「煩悩即菩提」です。そのようなメタノイア的視点が比叡山や高野山でうまれ、天台本覚思想や即身成仏思想として、展開していくことになりました。そのものの見方と、それをうみだし、ささえている風土とのダイナミックな関係をわすれてはならないとおもいます。

6―すわる・となえる・うたう

あるとき、作家の五木寛之《いつきひろゆき》さん（一九三二〜）と話をしていたさい、五木さんが、「かまたさん、仏教ってねえ、ただの思想や修行じゃないんだよ。仏教はねえ、音楽なんだよ。」というのをきいて、ハッとしたことがあります。五木さんはいいました。

仏陀は昔はそんなに有名ではなく、托鉢《たくはつ》をして、あちこちでいろんなことをぶつぶつ言っているぐらいでした。そのうちに弟子たちが少しずつできてくる。ただ仏陀は一字も書かなかった。仏陀がブツブツと言ったことや答えたことを、弟子たちが一生懸命暗記したんです。そして、自分でそれを理解しただけではだめで、人に伝えなければいけないというふうなことをブディストは考えるものですから、弟子たちは町へ出て、仏陀の言葉を広く人々に伝えようとしました。その際、どうするかというと、覚えやすく、耳に入りやすい言葉で伝えたのです。

そのために仏陀の言葉を、偈《げ》にしました。偈というのは、「正信偈《しょうしんげ》」（親鸞著『教行信証』行巻末尾）の「偈」ですね。偈っていうのは、宗教的な歌のことです。それで仏陀の言葉を伝える時に、だれもが唱えやすく、聞きやすく、覚えやすい詩にして、そして三、四人でぞろぞろと出ていき、市場へ行きました。人々が群れているところで、彼らは車座になって、仏陀から聞いたその日の教えを人々に大声で伝えようとするんですが、でもだれも振り向いてくれない。では、どうするか、ブワーっとほらを吹き、そして太鼓をドラムのようにダダダダって激しく打ち鳴らした。そうすると人々が「一体何事だろう?」と近くに寄ってくる。その中で弟子たちが、仏陀の語った言葉をうまく詩にまとめ、そういう歌を3、4人で威勢よく歌い出したのです。だから仏教ていうのは、音楽なんですね。音楽に始まって、音楽に終わるんです。(「WEBRONZA」二〇一七年一月)

比叡山延暦寺で、ある法要に参列したことがあります。開経偈《かいきょうげ》、散華《さんげ》、読経、声明《しょうみょう》、表白《ひょうびゃく》……と、えんえんとつづく儀式は、比叡山の山中の風のそよぎや鳥のさえずりなどにまじって、音楽そのものであり、しずしずとしたお坊さんたちのふるまいは、舞踊そのものでした。そのようすを見て、五木寛之さんの指摘にふかく納得したことがあります。

最初期、ブッダの説法は、偈頌《げじゅ》として、詩の形式で伝えられていき、やがてそれぞれの偈頌が経典の一部となり、全体を構成していくようになりますが、経典を読誦したり、その一部を歌ったりすることはしばしばおこなわれていたのではないでしょうか。

そうした経験や伝統の一部が声明となり、日本の巡礼、たとえば、西国三十三所や四国遍路の八十八ヶ所めぐりでは、一寺一寺をおまいりしながらご詠歌《えいか》を詠唱していくということもおこなわれるようになりました。わたしは四国遍路《へんろ》の最初の土地、阿波国徳島県に育ったので、じぶんの家のまわりを白装束のお遍路さんがとおりすぎたり、しばしばわが家に立ちよって、読経をしてくれたりしたことをおぼえています。そのようなときには、家の者がお遍路さんのとなえごとやうたがおわってから、お米やおまんじゅうやみかんなど、家にあるものをさしあげてお礼をいうのもたびたび見たことがあります。それは、日本の民間信仰のなかに定着した仏教的な伝統のかたちでしたが、とくに春先の黄色い菜の花やタンポポや赤い蓮華が咲いている時期と、彼岸花（曼殊沙華）が咲いている秋のお遍路さんのすがたは、なんともなつかしいような、うつくしいような風物詩として、子どものころの原風景のひとつになっています。

　長じて、卒業論文で、空海とドイツの神秘家ヤーコプ・ベーメの神秘体験と言語表現と言語哲学について比較し、「東洋と西洋における神秘主義の基礎的問題への試論」という長ったらしい題目で提出しました。そのときの主査は、仏教学者の三枝充悳《さいぐさみつよし》教授、副査は宗教哲学者の藤田富雄教授でした。このすこしまえから空海の著作を集中的に読むようになったのですが、読めば読むほどに、空海の文章はすごい！　とうなりました。じつに修辞学的にうつくしくととのっています。美文の最たるもので、また第一級の教養がなければすらすらと読みとおすことができないくらい、中国の古典の引用や故事が踏まえられていました。そうとう苦労して読みすすめましたが、そこではっきりとわかったことがありました。

　空海は詩人である。それも、当代第一級の詩人である。そして、第一級の書家でもある。

　詩人でなければ書けない文章、届かない文章やひびきを空海から感じとりました。いっぽう、ベーメをよむうちに、ドイツの詩人で『青い花』などの神秘小説を書いた哲学者でもあるノヴァーリス（一七七二～一八〇一）に関心をいだいて、著作を読みすすめていくうちに、ノヴァーリスがベーメのつよい影響をうけていることをしりました。ノヴァーリスの友人である郡長ユストが『ノヴァーリス伝』のなかで、恋人のゾフィーが十五歳という若さで夭折したあと、ノヴァーリスがベーメの作品を愛読するようになり、「ベーメのなかに、かれは高度のポエジーを見いだした」(『日記・花粉』前田敬作訳、現代思潮社)としるしていることなどをしったのです。ようするに、空海もベーメもともに、「高度のポエジー(詩)」をもつ詩人哲学者であるとおもいしったのでした。

そして、宇宙の神秘やダイナミズムにふかく分けいっていくことができるためには、そのような「高度なポエジー」が必要で、それを感得・体現できたなら、宇宙の声やひびきに感応道交できるようになり、なにがおこっても、それをそれとしてうけいれることができるようになるのではないか、とおもうようになりました。

その空海がとなえた「虚空蔵求聞持法《こくうぞうぐもんじほう》」の虚空蔵菩薩の真言「ノウボウ・アキャシャ・キャラバヤ・オン・アリ・キャマリ・ボリ・ソワカ(Namo Ākāśagarbhāya, Oṃ ali kalmali mauli svāhā)」の声はどれほどの美声であったでしょうか。また、その声のひびきは、空にも海にも、はるかとおくまでとどいていくような永遠につうじる絶妙の波動であったことでしょう。

空海は、『三教指帰《さんごうしいき》』(原題『聾瞽指帰《ろうこしいき》』)のなかで、このようにのべています。

> 焉《ここ》に大聖《だいしょう》の誠言《じょうごん》と信じて、飛燄《ひえん》を鑚燧《さんすい》に望み、阿国大瀧嶽《あこくだいりょうのたけ》に躋《のぼ》り攀《よ》ぢ、土州室戸崎《としゅうむろとのさき》に勤念《ごんねん》す。
> 谷響《たにひびき》を惜《お》しまず、明星来影《みょうじょうらいえい》す。

十代後半から二十代前半の空海は、師と仰ぐ聖人の真理のことばを信じて、命がけで阿波国の大瀧嶽や土佐国の室戸岬の洞窟のなかで、虚空蔵菩薩の真言をとなえつづけ、その功徳・験力によって、真言が共鳴現象をひきおこして谷いっぱいにひびきわたり、天空の明星の金星がじぶんのほうにスーッと飛来してくるのを見ました。

ここでしるされている「大瀧嶽」は、現在、四国八十八ヶ所の二十一番札所の舎心山常住院太龍寺《しゃしんざんじょうじゅういんたいりゅうじ》となっていて、ここに「龍の岩屋」があって、空海が修行したと伝えられ、子どものころからなんどかおまいりしたことがあります。わたしはこの「大瀧嶽」の太龍寺のふもとの町で大きくなったのです。

真言宗とは、空海が宗祖となってひらいた仏教宗派ですが、その宗派名になっているように、「真言」や「陀羅尼《だらに》」をひじょうにおもんじています。法身《ほっしん》大日如来、その使者の不動明王、虚空蔵菩薩、観音菩薩や弥勒菩薩などの、諸仏諸菩薩の真言や陀羅尼がとなえられます。

「真言（Mantra）」とは、ほとけの真実のことば、秘密のことばを意味します。おおくの日本人がよくしっている『般若心経』の最後のとなえごと、「羯諦《ぎゃてい》　羯諦《ぎゃてい》　波羅羯諦《はらぎゃてい》　波羅僧羯諦《はらそうぎゃてい》　菩提《ぼじ》薩婆訶《そわか》」も、「大神咒《だいしんしゅ》・大明咒《だいみょうしゅ》・無等等咒《むとうどうしゅ》」としてたたえられた大真言です。

空海はそうした大真言が宇宙言語として、大日如来のことばとして、この宇宙空間にひびきわたっているとのべています。

五大に皆響きあり（五大皆有響）

十界に言語を具す（十界具言語）

六塵《ろくじん》悉く文字なり（六塵悉文字）
法身は是実相なり（法身是実相）（『声字実相義』）

――宇宙を構成する地・水・火・風・空の五大要素はみな妙《たえ》なる音響を発している。地獄界から、餓鬼・畜生・修羅・人・天・声聞《しょうもん》・縁覚《えんがく》・菩薩を経て仏界に至るまでの十界には、声の響きからおこった十種の言語がある。

感覚器官でとらえられる色《しき》・声《しょう》・香《こう》・味《み》・触《そく》・法《ほう》の六塵は、ことごとくみな文字でもある。

こうして、法身大日如来が宇宙の究極、真実のほとけのすがたなのである。――

重要なことは、真言宗という仏教の宗派の真髄を示す言語哲学を、空海がひとつの「詩」として表現提示している点です。たんなる説明文、解説ではなく、それじたいが、ひとつの詩であり、真言のあらわれです。

お釈迦さまは、もともと、あまりことばに頼りすぎてはいけない、なぜなら、悟りの世界はことばで表現できない「言語道断、心行所滅《しんぎょうしょめつ》」の境地だから、という考えをもっていました。ことばは諸刃の剣である。それがなければ、事態をしめすこともできなければ、つたえることもできないが、それにとらわれすぎると、それじたいがひとつの執着となって、ものごとの真実のすがたをつかむさまたげになってしまう。そのような考え方をもっていたとおもいます。

ところが、その仏教が初期の上座部仏教から大乗仏教や密教に展開していくなかで、インド古来の民衆宗教やバラモン教の教説を大胆にとりこんでいくことになりました。もちろん、その根幹をなす無常や無我や縁起や空という根本概念を手ばなすことはありませんが、しかし、そこにインド的なマントラ（真言）やマンダラ（曼荼羅、宇宙真理の図像的表現）や儀礼的要素をいっぱい吸収して、それを仏教哲学をもとにしつつ、仏教的様式に再編成していきました。ですので、密教にはインド的文化が濃厚にはいっていて、たんなる仏教とはおもえないくらい、はなやかで、色彩ゆたかです。

　仏教はほんらい、「すわる」こと、そして、瞑想すること、その瞑想（八正道の正定《しょうじょう》）をとおして真理（法）とさとり、知恵を体現すること、すなわち「成仏」することをめざします。その仏教が、アートマンやブラフマンというような、真我（本来的自己）や宇宙存在という永遠の実在のイメージ（心象）やシンボル（象徴）を大胆に借りてきて、ヒンドゥー教やバラモン教的な装飾をちりばめながら、仏教思想のあたらしいモードを発信していくときに、もうひとつのインド的な要素、「となえる」ことや「うたう」ことも、ひとびとにうけいれられやすく、うったえかけやすいかたちで、うまくとりいれられることになりました。それが、真言や曼荼羅や印《ムドラー》の活用になっていきます。

　『般若心経』のほんらいは、瞑想による空の智恵（「色即是空《しきそくぜくう》・空即是色《くうそくぜしき》」）の内観となっていて、仏教の大道を歩んでいますが、最後の「是大神咒」よりあとのところは、真言が大胆不敵にとりいれられていて、これがはたして大乗仏教なの？　と疑問におもえるほどにインド的（ヒンドゥー教的）で、びっくりさせられます。

このようにして、「すわる仏教」は、ブッダの教説を「となえる仏教」をへて、「うたう仏教」に変容していきます。そしてそれが、空海によって、これまた大胆に日本に導入され、定着していくことになります。

そこにおける仏教ほんらいの負の感情処理法、こころの浄化法としての「心直し」の方法が、真言密教などの神秘的な「言直し」に接続・変容していくことになり、よりいっそう多様で、土着の思想要素と習合しやすい自在なかたちをとっていくようになりました。そのような真言密教の民俗宗教化の過程で、四国遍路や御詠歌などの巡礼歌唱文化もうまれてきたのです。そしてそれは、まちがいなく、日本仏教の「負の感情」とのつき合い方として、ひとびとのこころと生活のなかにはいりこんでいきました。

相談「業が深いと感じてしまうじぶんがいます。こんなじぶんからどうすれば抜け出せるのでしょうか」

「業《ごう》」ということばは、なかなかやっかいなことばです。「業」は、古代インドのサンスクリット語では、「カルマ（karman）」といい、「行為」を意味していました。ですから、すべての行為は業であるといえます。

そこで、「業が深い」というのは、たぶん、じぶんはよくない行為をいろいろとしてきたので、あるいはしてしまったので、その行為の結果で、いまのじぶんを苦しめているという事態をいっているのかと推測します。

行為が業ということであれば、そもそも、すべてが業ですよね？　じぶんがおこなった行為が、じぶんですから。じぶんじしんのアウトプットとしての行為は、もちろん、じぶんを苦しめる結果をうむこともあります。

たとえば、来月、期末テストがおこなわれる。そのことがわかっていても、勉強などする気がまったくしない。試験勉強になど、なんの意味があるのか？　とおもって、ともだちと毎日あそびあるいていたら、どうなるでしょう？　もちろん、テストの結果はよくないでしょうね。それによって、落第するかもしれません。しかしそれはみな、じぶんの行為の結果なので、だれをうらむこともできません。

「自業自得」ということばがありますが、極端にいえば、すべてはみずからの行為＝業なので、その行為の結果＝業報《ごうほう》もじぶんがうけるべき業である、ということになります。じぶんがつくった業＝行為を、じぶんがうけとるという単純なメカニズム。

ですので、そう考えると、そもそも「業が深い」とか、「業が浅い」ということじたい、ないはずです。もちろん、「業」は、あります。それは、「行為」ですから。なので、「悪業」（悪い行為）もあります。また、「善業」（善い行為）もあります。「善因善果・悪因悪果」ということばがあるように、善いことをして善い結果がでることもあります。先のテストの例でいえば、一所懸命勉強したら、よい点や合格点をとることもできるでしょう。

ですから、「自業自得」ということは、なにもわるいことばかりでなく、よいこともすべてふくむということになります。よって、「業が深い」じぶんであるなどと悩む必要はありません。悩んでいるひまがあったら、じぶんがよいとおもうことをすればよい、というだけです。そうしているうちに、「業が深い」じぶんのことなど、すっかりわすれていることでしょう。

とても、単純ですが、そんなおこたえになってしまいました。お気にめさないかもしれませんが、それまた「自業自得」とうけとめていただければさいわいです。

第４章

自然の根っこへ ―― 老荘思想と道教の心直し

1 − 空海の「卒業論文」

つぎに、インドではなく、中国でうまれてきた「負の感情」とのつき合い方を考えてみます。中国には、大きく、鬼道《きどう》（シャーマニズム、民間信仰）、儒学《じゅがく》・儒教《じゅきょう》、老荘《ろうそう》思想・道教《どうきょう》という大きな宗教文化や哲学思想の伝統があります。なかでも、儒教と道教は、中国宗教哲学の二大潮流として、こんにちまで命脈をたもち、多大な影響をおよぼしています。

儒教と道教と仏教のちがいをひと言でいいあらわすとしたら、つぎのようになります。儒教は聖人君子となることを理想とする「治国」の道、道教は仙人や真人《しんじん》となることをめざす「治身」の道、仏教は覚者（ブッダ）となることをめざす「治心」の道。

ところで、現在の中華人民共和国の統治システムは、共産党の一党独裁で、共産主義・社会主義を国是《こくぜ》としており、儒教や道教が公式の政策にのることはほぼありません。しかし、孔子や儒教のことは、学校教育の教科書でもとりあげられているし、老荘思想や道教は、宗教的要素をとりのぞいた気功《きこう》という健康法・身心鍛錬法として国家の健康政策や予防医学にもとりいれられています。そのようなこんにち的状況ですが、第3章で仏教のことをとりあげたので、とくにこの第4章では、中国の老荘思想や道教の心直しを中心に考えていきたいとおもいます。

その際、空海の『三教指帰《さんごうしいき》』をとりあげながら、儒教と道教と仏教という「三教」のちがいを見ていくことにします。『三教指帰』は三部構成で、一種の戯曲のような思想ドラマの体裁をとっています。巻の上が儒教を論じた「亀毛《きもう》先生論」、巻の中が道教を論じた「虚亡隠士《きょぶいんじ》論」、巻の下が仏教を論じた「仮名乞児《かめいこつじ》論」です。

はなしの筋だては、蛭牙公子《しつがこうし》というどうしようもない不良少年が、叔父の兎角公《とかくこう》に引っぱられて、「亀毛先生」や「虚亡隠士」と会って、それぞれ儒教・道教の教えを乞い、おのれをかえりみて、自己と世界と生き方の認識とおもいをふかめていくのですが、最後の最後で、仏道を解き明かす「仮名乞児」と出会って、ついにはみんなで仏教に帰依《きえ》するという大団円をむかえます。

もうすこし、こまかく敷衍《ふえん》しますと、「序」では『三教指帰』を書く理由がのべられます。そこには、大きくふたつの理由があります。世俗（世間・儒教）と求道（出世間・道教や仏教）との葛藤のなかで、ひとつは真理をもとめ道をもとめてという内発的理由、もうひとつは甥の不良少年の性根《しょうね》を叩き直し、心直しをさせるという外発的理由がかたられます。

つづいて巻の上では、儒教が亀毛先生からの教えとして説かれます。そこでは、親孝行、忠義、学問、書道、弓術、兵法、農業、政治、裁判（司法）、医療、工匠・工芸など、倫理道徳や世俗・世間で生きていく道と価値が、じつに修辞ゆたかな美文調でえがかれます。倫理道徳の徳目としては、五常《ごじょう》（仁義礼智信）の実践が提示され、徳を身につけて、聖人君子や有能な官吏となり、たのしくしあわせな家庭をきずくよろこびが肯定的にかたられます。

その亀毛先生のはなしをきいて、不良少年の蛭牙公子もこころを動かされるのですが、それをどこかで聞いていた虚亡隠士が、「そのような世俗的な価値観で、あなたがたは本当に満足できるのかい？」と疑問をなげかけます。そして、この世の立身出世や栄達よりも、自然の道にかなった生き方をして不老長寿を得るほうに、もっと生きる意味があるのではないかと問いかけます。こうして、巻の中では道教が虚亡隠士の教えとして説かれるのです。そこでは、不老長生の神術や秘術など、仙人の道が示されます。そして、食べ物や生活のしかたによって「神丹《しんたん》」をつくる「練丹《れんたん》」の法が提示されて、「羽化登仙《うかとうせん》」する理想郷がえがかれます。

この中国でうまれたふたつの宗教文化の対比は、コンパクトに戯画化され、儒教的な世俗の喜びと道教的な天上の楽しみが、コントラストあざやかに、俗と聖の対極のようにえがかれます。

虚亡隠士は、つぎのように教えを説きはじめます。

夫《そ》れ、赫赫《かくかく》たる弘陽《こうよう》、輝光《きこう》、煽《さか》りに朗《ほがら》かなり。然《しか》れども盲瞽《ぼうこ》の流《たぐい》はその曜《ひかり》を見ず。磤磤《いんいん》たる霹《へき》靂《れき》、震響《しんきょう》、猛《たけ》く厲《はげ》しけれども、聾耳《ろうじ》の族《やから》は彼《か》の響きを信ぜず。矧《いわん》や太上《だいじょう》の秘録《ひろく》、言《ことば》、凡耳《ぼんじ》に邈《はるか》なり。天尊《てんそん》の隠術《いんじゅつ》、如何《いか》んが妄《みだ》りに説かん。血を歃《すす》つて盟《ちかい》を遺《のこ》すとも、太《はなは》だ聞くことを得難し。骨に鏤《ちりば》めて信を示すとも、何ぞ曾《かつ》て伝へ易《やす》からん。

じつにむつかしい、凝りに凝った修辞ですね。最初のふたつの文は、現在ではたとえが障がいにかかわることなので、口語訳しにくいところですが、大意をいえば、てりかがやく太陽の光はあかるいものだが、目の見えないひとびとはその光を見ることができない。また、はげしい雷鳴も耳の聞こえないひとびとには届かない。どうように、太上皇帝の秘密の記録のことばは、ふつうのひとびとの理解をこえている。また、天尊皇帝の隠れた術をみだりに説くことなどできない。いけにえの血をすすって誓いの盟約をむすんだとしても、それを聞くことも知ることもむつかしい。骨身にしみらせるほど固く誓っても、その教えをたやすくつたえることなどできないのだよ。

もってまわった装飾過剰な文章です。このような修辞は、当時のトップクラスの教養人しか読めない文章です。そんな文章を二十四歳の空海が書いたのです。

誰に読ませるために？　それは、苦労してじぶんを大学に入れてくれた儒学者の阿刀大足《あとのおおたり》に読ませるため、読んでもらうためだったにちがいありません。一族の未来をせおって、じぶんの身分では入学を許可されない大学に無理して入ることができたのは、この叔父さんの阿刀大足のおかげだったのですから。当時の宮廷の最高の漢学者を説得して、儒教、道教という中国思想の要点をとてつもない装飾的な美文で要約し、そのうえで、最後にとどめの一発として仏道修行の尊さとすばらしさを説く。そのような思想ドラマを演出して見せることで、この稀代の知的不良少年だった若き空海は、おのが道をむりやり突き進もうとしたのだとわたしは考えます。

なので、この『三教指帰』は気魄《きはく》満々、ちからがみなぎっています。肩にちからがはいりすぎています。ことばがピカピカしすぎています。でも、そんな文章を当時のだれが書くことができたでしょう。当時の大学生で、このようなすぐれた文章を書くことのできる者など、ひとりもいなかったのではないでしょうか？　だから、これを読んだ叔父さんは、ためいきをついて、あきらめるしかなかったとおもいます。ここまで書いて、じぶんの道を進もうとするんだったら、もうなにをいっても止めることはできないだろう、と。そして、じっさい、そのようになりました。

さて、道教の教師である虚亡隠士は、「不死の神術」「長生の奇密」を教えようと蛭牙公子（大学をドロップアウトする空海の影の一面）や兎角公（空海の叔父の阿刀大足）にいいます。しかし、この隠士が説く教えはじつにストイック（禁欲的）で、はんぱな覚悟ではまっとうできるような修行ではありません。

たとえば、つぎのようなことをしなければならないのですから。

　手足《しゅそく》の及ぶ所、豸蝝《ちえん》をも傷つけず、身肉の物、精唾《せいだ》をも写《もら》さず。身に臭塵《しゅうじん》を離れ、心に貪欲《どんよく》を絶つ。目に遠く視ることを止め、耳に久しく聴くこと無し。口に麁語《そご》を息《や》め、舌に滋《こ》き味わひを絶つ。克《よ》く孝あり、克く信あつて、且《かつ》は仁あり且は慈あり。（…中略…）五穀は腑を腐《くた》すの毒、五辛《しん》は目を損《そん》ずるの鴆《ちん》、醴醪《れいろう》は腸を断つの剣、豚魚《とんぎょ》は寿《いのち》を縮むるの戟《ほこ》、蟬鬢《せんびん》・蛾眉《がび》は命《めい》を伐《き》るの斧《おの》、歌舞《かぶ》・踊躍《ようやく》は紀《き》を奪うの鉞《まさかり》。大いに笑ひ大いに喜び、極めて忿《いか》り極めて哀しむ、此の如きの類、各々損ずる所多し。

　一身の中《うち》に、既に此の如きの敵《あだ》多し。若し此の讎《あだ》を絶たざれば、長生《ちょうせい》・久存《きゅうそん》、未だ聞く所あらず。此を離るること俗に於て尤《もっと》も難《かた》し。此を絶つときは、仙を得ること尤も易し。必ず須《すべか》らく、先ず其の要を察して乃ち服餌《ふくじ》す可き耳《のみ》。

――手足をつかって虫を傷つけてもいけない。また、体内の精液や唾液をもらしてはいけない。

臭いものやきたないものから身をはがし、むさぼり欲望するこころを絶つ。目で遠く見ることも、耳で長く聴くこともやめる。口であらっぽいことをいうことをやめ、舌で濃い味をあじわうことをやめる。よく孝をおこない、信をたもち、おもいやり（仁）も、いつくしみ（慈）ももつ。

五穀ははらわたをくさらせる毒なので食べない。ニラやニンニクやラッキョウなどの五つのからいものは目をそこなうので食べない。酒などは腸を切断する剣で、豚肉や魚も寿命をちぢめる鉾《ほこ》なので、これも食べない。また、美人にふれることは、命を断ちきる斧であり、歌ったり踊ったりすることも、寿命をうばう鉞であるので、これもやめる。大笑いや大喜びや、極端な怒りや悲しみなどのつよい感情のたかぶりも、いのちをそこなうことがおおいのでやめる。

このように、からだにわるいことがいっぱいあるので、そういうことはみなやめて、長生のわざにのみ専念する。そのような禁欲の道がまっとうできなければ、仙人になることなど、とてもじゃないがむりである。が、もしこれらを断つことができたならば、仙人になるのはむつかしいことではない。――

とまあ、このように、古代ギリシャの禁欲主義者であったストア学派などよりもはるかにきびしい禁欲が課せられるのです。はたして、ふつうのひとに、このような禁欲的な修行を達成することができるでしょうか。まず、むりでしょうね。そもそも、なぜそれほどまでして仙人になりたいのか、理解できないことでしょう。

しかし、空海はそのような疑問や不審を吐露することはなく、じゅんじゅんと仙人になる方法を説いていきます。これまたじつに具体的で、統合医療などに関心のあるひとにはたいへん参考になるとおもわれます。

> 白朮《びゃくじゅつ》・黄精《おうせい》・松脂《まつやに》・穀実《こうぞのみ》の類《たぐい》は以て内の痾《やまい》を除き、蓬《よもぎ》の矢・葦の戟《ほこ》・神符・呪禁《じゅきん》の族《たぐい》は以て外の難を防ぐ。呼吸、時を候《ま》ち、緩急、節に随ふ。天門を扣《たた》いて以て醴泉《れいせん》を飲み、地符《ちふ》を掘りて玉石を服す。草芝《そうし》・宍芝《じくし》は以て朝《あした》の飢を慰《やす》め、伏苓《ぶくりょう》・威僖《いき》は以て夕《ゆうべ》の憊《つかれ》に充《み》つ。

まず、内の病と外の災難をとりのぞく方法が示されます。内の病をさけるためには、白朮・黄精・松脂・穀実などを服用する。また、蓬の矢・葦の戟・神符・呪禁のたぐいは災難除けになる。さらには、呼吸のしかた、霊水をのむこと、玉石や仙薬の服用を、具体的な名前をあげて示していきます。

このようにして、仙術･仙道に通暁《つうぎょう》していくと、ふしぎな能力が身についてくると説きます。たとえば、自在にすがたを消して見えなくしたり、暗闇のなかでもものが見えるようになり、地下を透視したり、水のうえを歩いていくこともできるとか。

ほんとですか？　とおもわずいいたくなるような超能力がつぎからつぎへと列記されていきます。鬼神を自由にあやつったり、霊獣にのって走りまわることもできる。刀や火を口のなかにのみこんだり、風をおこし、雲をわかすこともできる。そのような「神術」を駆使することができるようになるというのです。

また、霊薬を服用して羽化登仙することもできるといいます。さらにまた、一瞬にして千里を移動できるテレポートのようなことや、ほかのものに変身させ、自由自在にわかがえらせたり、寿命をのばしたり、天空をとびまわって、いろんなところに自由にいききできる、と説きます。

こうした超能力の獲得を列記するところなどは、一九八〇年代のオウム神仙の会で、麻原彰晃《あさはらしょうこう》（一九五五〜二〇一八）が出した最初の本『超能力「秘密の開発法」—すべてが思いのままになる！』（大和出版、一九八六年）をおもいださせるので、わたしなどはちょっと息苦しくなるほどです。ここには、世俗の栄達とはちがうけれども、天上の悦楽の世界が豊富な例示とともに説かれているのです。たとえばつぎのように。

若し彼の道に叶ひ、若し其の術を得つれば即ち、形を改め髪を改め、命を延べ寿を延ぶ。死籍数々削り、生葉《せいよう》久しく長し。上は則ち蒼蒼《そうそう》に跨《またが》つて翺翔《こうしょう》し、下は即ち倒景《とうえい》を躡《ふ》んで儴佯《しょうよう》す。心馬に鞭うつて八極に馳せ、意車に油さして以て九空に戯《たわむ》る。赤烏《せきう》の城に方曠《ほうこう》し、紫微《しび》の殿《でん》に優遊《ゆうゆう》す。織女を機上に視、姮娥《こうが》を月中に要《もと》む。帝軒《ていけん》を訪《とむら》ふて伴《とも》とし、王喬《おうきょう》を覓《もと》めて徒《ともがら》とす。荘鵬《そうほう》の牀《ゆか》を察《み》、淮犬《わいけん》の跡《あと》を見る。列馬《れっぱ》の廏《うまや》を窮《きわ》め、牽牛《けんぎゅう》の泊《とまり》を尽くす。

ここでは、仙術を得られればどのようなことができるようになるかが、るるかたられています。たとえば、①すがたを変えること　②髪の色を変えること　③寿命をのばすこと　④死の名簿からなんどでも名前を削除すること　⑤長生きすること　⑥天空を自由にとびまわること　⑦地上におりていって水面を自由にさまようこと　⑧世界のあちこちにはせゆくこと　⑨大空をどこにでもかけてゆくこと　⑩太陽の城ですごすこと　⑪天帝の御殿でゆっくりとあそぶこと　⑫織女の星で織女がはたおりのうえにすわっているのを見ること ⑬姮娥が月で暮らしているのをたずねること ⑭黄帝軒轅《けんえん》をたずねて友となること ⑮仙人になった王喬をさがしてなかまになること ⑯『荘子《そうじ》』に出てくる大鵬の天上のすみかを見ること ⑰淮南王が登仙したさいにいっしょに昇天した犬のその後を見ること ⑱列場星のうまやをたずねること ⑲牽牛星の船着き場をみまわること、などです。

このすさまじい列記主義は、いささかたいくつになるほどですが、これでもか、これでもかと仙人が得ることのできる「霊宝の密術」による天上の至上の快楽をえがきだします。

そして、この巻の最後に、世俗のひとびとの欲にまみれた生活にたいして、神仙たちの天上の喜びときよらかな幸福を対比させ、この世のはかなさや痛ましさを指摘し、「吾が師の教へと汝が説く所の言と、汝等が楽しむ所と吾が類《ともがら》の好む所と、誰れか其れ優劣なる。孰《いず》れか其れ勝負なる」と、道教の教えと儒教の教えの優劣を示すのです。

すると、なんと、亀毛先生も、蛭牙公子も、兎角公も、ともにひざまづいて、虚亡隠士をつぎのようにほめたたえるのでした。

我等幸ひに好会《こうかい》に遇《あ》ふて、適《たまた》ま讜言《とうげん》を承わりぬ。方《まさ》に知んぬ。鮑《ほう》の壚《いちぐら》の至つて臭きと、方壺《ほうこ》の極めて香《かぐ》はしきとを、犨麋《しゅうび》が醜きと、子都《しと》が好《かおよ》きとを。金・石隔《へだ》てあり、薫《くん》・蕕《ゆうなら》比ぶこと無し。今より以後《のち》、心を専らにし、神を練して、永く斯《こ》の文を味わわん。

――わたしたちは幸運にも、よい集いに出会って、たまたまよきことばをうけたまわったので、それによって、いままさに知りました。魚をうる店には魚のにおいがしみついてぬけないように、世俗の生活にはきわめてよい香りがみちていること。そして、犨麋がみにくいことも、子都がうつくしいことも。おなじ鉱物でも、金と石とでは大きなちがいがあります。おなじ草でもよいにおいの草とわるいにおいの草とでは比較になりません。そこで今日から以後は、こころを専一にして、気を錬磨して、ゆくすえながくこの道教の教えを味わってまいります。――

　このように、道教の教えと実践に進んでいくことをちかうのです。しかしながら、亀毛先生や蛭牙公子や兎角公がいっせいにこの教えに服すほど、この教えが魅力的に説かれているかどうかは疑問です。たしかに、はなやかで絢爛《けんらん》たる修辞を駆使していますが、その内実はさほど魅力的にも、すぐれているとも思えないような、どこか空文化している感があります。つまり、どこかうわっすべりで、レトリックはたくみに見えますが、そのじつ、隠士の気魄《きはく》も迫力も欠けているのです。うがった見方になりますが、空海は、儒教や道教の記述に手ごころをくわえているというか、ちょっと手抜きをしているようにもおもえます。

　それにたいして、巻の下はじつに気魄満々、迫力にみちみちています。ついでに、第三章にあたる仏教の教えを説く仮名乞児の主張を見ておきましょう。

　ここで、空海は、じぶんの二面性を、どうしようもない不良少年の蛭牙公子と、外形はとてもみすぼらしいかっこうをしているけれども、その内面は宝石のような仮名乞児として、じつにあざやかかつ対照的にえがきわけています。このえがきわけが最後の最後で奏効して、事態はドラマチックに仏道評価の極みに突入していきます。

空海は二十四歳のときに書いたこの処女作といえる著作をとても高度にうまく読みやすくしています。三人の教えの師匠のキャラクター設定もその一つで、腰がひくく周囲を気にしすぎている謙遜《けんそん》ぎみの儒教の亀毛先生、ちょっと「白髪三千丈」的な誇張表現をずけずけといってまわりを気にかけないKYの虚亡隠士、そして「襤褸《ぼろ》は着てても心は錦《にしき》」の典型の仮名乞児。仮名乞児の外形と内面は、正反対というか、じつに対照的です。それは、わかき修行時代の空海の姿だったのでしょう。

この空海の戯画的自画像は、頭は銅の盆、顔は瓦の堝《なべ》、足は骨ばって鷺《さぎ》のよう、頸《くび》は筋ばかりで泥中の亀に似て、鼻柱はつぶれ、眼は落ちくぼみ、顎《あご》はとがり、目は角ばっているという風体にえがかれています。このような外形のために、町中を歩くと、それを見たひとびとに瓦や石や糞を投げつけられるという始末。周囲の鼻つまみ者のようなえがかれ方をしているのです。宮沢賢治の心に残る童話『よだかの星』の「よだか」のようにみにくく、きらわれ者であるというキャラクター設定ですが、最後の最後でどんでん返しがあって、その「よだか」が星となり、「仮名乞児」が最高の仏教の宣伝マン（布教師）となって大活躍するのですから。

このとてつもなく風体みすぼらしき貧乏僧が、ひとたび声を発して仏法を説きはじめると、その声は、「偕々《かいかい》たる玉《たま》の声《こえ》」で朗朗とひびきわたります。このところを、空海は、「振鈴鈴之金錫《きんしゃく》。馳偕々之玉声」と対句表現しているのですが、光りかがやくようなよい響きをならす「金の錫杖《しゃくじょう》」

と心にしみいるようなこの上なくよい「玉の声」が、相乗的に隠喩化されています。玲々たる音をひびかせながら金の錫杖をふって、「玉の声」で深遠なる仏教の法を解き明かすのです。

その仮名乞児は、すぐれた詩人でもあります。巻の下で仮名乞児は、「写懐頌《しゃかいじゅ》」「観無常賦《かんむじょうふ》」「生《しょう》死海賦《じかいふ》」「詠三教詩」と題する、仏教哲学や儒教・道教・仏教の三教の思想評価を四つの詩として、格調たかく朗朗とうたいあげるのですから。

このとき、空海は、容赦なく他教を攻撃しておとしめるような、そんなあざとい排他的な論弁をしません。むしろ、儒教も道教もこのようにいいところがあるけれども、仏教はもっとよいのだと、包摂的に他教をつつみこんでいきます。それぞれに長短あるけれど、しかし、けっきょくのところ、仏教こそがその全体性をつかんだ究極の真理なんだよと、やわらかく説得的に主張します。そして、ある書物によると、仏弟子の儒童《じゅどう》と迦葉《かしょう》がうまれかわって、孔子になり、老子になっていると説きます。すなわち、孔子は儒童のうまれかわり、老子は迦葉のうまれかわりで、このうまれかわった仏弟子のふたりに儒教と道教を説かせて、天地陰陽のことわりについての最初の真理を示させたと位置づけるのです。だから、みんな、わが身だいじのせまい料簡をもって思想闘争するような、ちいさなあらそいはよしましょう、と説きふせるのです。

こうして、いよいよ、仏教伝道師の仮名乞児は、「金錫」と「玉声」によって、無常にみちみちた「生死海」の苦悩や迷いの様相を説き、それを突き抜けていく仏教の光明世界の真理を、威厳と真言的言霊《ことだま》の霊力にみちたひびきとして、世にときはなっていくのです。そしてそれを聞いた蛭牙公子も、兎角公も、亀毛先生も、虚亡隠士も、みな、その声と説法に圧倒され、しびれ、感涙にむせび泣いて、かたくかたく仏法帰依を誓ったのでした。このドラマティックな結末。あざといとさえおもわれそうな、あざやかな演出。

『三教指帰』の最後は、つぎのような「十韻の詩」でむすばれます。この「詩」のあとにつづく文章はありません。「詩」によって、『三教指帰』という長編思想ドラマをうちどめにしているのです。巧妙だとはおもいませんか？　そしてそれをその場にいるみんなで歌としてうたわせるのです。「十韻の詩を以て、汝等が謡謌《ようがく》に代へん」と。「謡謌」とは歌の直言、いいかえると、メッセージ・ソングという意味です。

居諸冥夜《きょしょめいや》を破り、三教癡心《さんごうちしん》を褰《かか》ぐ。
性欲《しょうよく》に多種あれば、医王薬鍼《いおうやくしん》を異にす。
綱常《こうじょう》は孔（孔子・儒教）に因《よ》って述《の》ぶ。受け習ふて槐林《かいりん》に入る。
変転は聃公《たんこう》（老子・道教）の授け、依《よ》り伝へて道観に臨む。
金仙（仏陀・仏教）の一乗《いちじょう》の法、義益《ぎやく》最も幽深《ゆうしん》なり。
自他兼ねて利済す、誰か獣と禽《きん》とを忘れん。
春の花は枝の下に落ち、秋の露は葉の前に沈む。
逝水《せいすい》、住《とど》まること能はず、廻風《かいふう》、幾たびか音を吐く。
六塵は能《よ》く溺るるの海、四徳は帰する所の岑《みね》なり。

已《すで》に三界の縛なることを知んぬ。何ぞ纓簪《えいしん》を去《す》てざらん。

じつによくできていますね。かんしんします。その手際のよいレトリックとコンパクトなまとめ方。これだけの詩的要約ができる二十四歳がどこにいるでしょうか？　当代随一の秀才であったことが明白です。鴨長明《かものちょうめい》（一一五五～一二一六）の『方丈記』もこころにひびく名文ですが、それは、出家して隠遁者《いんとんしゃ》となった、歌人としても有名であった鴨長明が五十七歳のときに書いたものです。それにたいして『三教指帰』は、なんといっても、二十四歳の若者が書きました。その年齢差を考えると、空海のすごさが改めてうきぼりになります。

こうして、儒教・道教を遍歴・包含し、そのうえで、仏教の優位を明確にあきらかにしていく仮名乞児は、最後に「十韻の詩」をつくって、一同全員にうたわせたのです。大事なことは、それをうたったということです。加藤純隆さんと加藤精一さん父子の口語訳はつぎのようなものです（角川ソフィア文庫）。

太陽や月が輝いて、夜の闇を破り去るように三つの教えは人々の癡心《くらいこころ》を取り除いてくれます。

人々の性質が多種多様だから、心の闇を除く医王も、病に応じて薬や鍼の用いかたを変えていきます。

君臣・父子・夫婦の〈三綱〉、仁・義・礼・智・信の〈五常〉の道は孔子によって述べられました。これを習う者は槐林（大学）へ通います。

変転を説く道教は、老子によって授けられました。これを伝える者は道教の寺院の道観（道教寺院）に臨《い》って学びます。

金仙の説かれた一乗の教え――人生はすべて、仏の光を浴び仏に向って歩むところにその意味がある、という教えは、教理も利益も最も奥深いものです。

自らも他をも、兼ねて利益し済度します。獣や禽たちも例外ではありません。

春の花はやがて枝の下に散り、秋の露ははかなく葉の上で沈《き》えていきます。

逝く川の流れは常に流転して住《とど》まることがありませんし、急風は幾たびか、音たてて過ぎかつ消えていきます。

このように六塵（色・声・味・触・法）の世界はすべて無常であり、人々を溺らせる「迷いの海」であり、常・楽・我・浄という四つの特性を備えた涅槃の境涯こそが、彼岸にそびえる目標の岑《みね》なのです。

すでに三界は私たちの真の自由をさまたげる束縛であることがよくわかりました。冠の纓《ひも》や簪《かんざし》で象徴される官位など、捨て去らないでよいものでしょうか。

さいしょに、儒教と道教と仏教の三教が、ともに、ひとびとの「癡心」をとりのぞいてくれる知恵の教えであると説かれます。そして、多様なひとびとの性質や行動様式にしたがって、「医王」が処方箋を変えていくことが示されます。

つづいて、儒教道徳や道教の変転の思想がのべられ、最後に、「金仙」すなわちブッダの説いた「一乗の法」である仏教の真理が説かれます。世界は「諸行無常」、自己は「諸法無我」であるがゆえに、われらはみなともに仏道を行じて「涅槃寂静《ねはんじゃくじょう》」の境におもむこうぞ、こう空海は結語を「詩」でしめくくるのです。こうして、決然と世俗の官位や立身出世や栄達をもとめる気持ちをたちきり、叔父の阿刀大足に「ＮＯ！」を突きつけたのです。

おみごと！　といいたくなります。わたしはこの『三教指帰』を、「世界最高の卒業論文」といっています。

2―じぶん離れの哲学

さて、そうだとしても、ここで、空海が説いた道教の世界は、じゅうぶんなふかみと位置があたえられていないように見えます。空海は最初に結論ありきで、老荘思想や道教の教えや実践をていねいに考察しているわけではありません。

虚亡隠士は、仙人になる方法（仙術）を説くまえに、まず、「道《みち》」や「自然」、あるいは、「玄《げん》」や「無為自然《むいしぜん》」という老荘の深遠な哲学を説くべきでした。『老子』の冒頭にはつぎのような有名な「道」の思想が説かれています。

道の道とすべきは、常の道に非ず。名の名とすべきは、常の名にあらず。無名は天地の始めにして、有名は万物の母。故に、常に欲無くして以て其の妙《みょう》を観《み》、常に欲有りて以て其の徼《きょう》を観る。

此の両者は同じきに出でて而《しか》も名を異にす。同じきを之を玄《げん》と謂う。玄の又た玄、衆妙の門なり。

冒頭で、いきなり、老子は、「道」や「名」が世間一般で語られているような道でも名でもなく、もっと根源的で不分明な、「無」や「妙」のできごとであり、「玄」の事態であることを説きます。つまり、道は玄妙なるものの働きであり、あらわれであり、実体としてこのようにこうあるというような固定されたものではないということです。

『老子』冒頭のこの否定形ではじまる立論は、「道」ひとつとっても、それほど理解がかんたんにはいかない、それじたいが深遠で、神秘不可思議かつ玄妙なる働きであるということを、魅力的に、幻惑的に示しています。たぶん、老荘思想にとりつかれるひとや、それに魅力を感じるひとは、この冒頭の論の展開からビビッとしびれたような感じをもちます。

けれども、空海の『三教指帰』では、そのような『老子』や『荘子』の哲学的言説の絶妙なふかさや不可思議をとりあげることはありません。もっと世俗的で実際的な、神仙の「術」のほうに焦点をむけてしまいます。それはしかし、ちょっとプロセスカットではないでしょうか？ この「道」や「自然」として働き、あらわれでる「変転」（空海の「十韻の詩」のことば）の究明なしには、老荘思想も道教の術も、とてもそこの浅い隠遁思想や不老長寿のご利益信仰になってしまいます。もちろん、そのような側面を否定するわけではありませんが、不老長寿ばかりを強調しすぎると、たんなる健康法やサプリメントのような手軽なものに矮小化《わいしょうか》されてしまいがちです。

次の第5章でとりあげますが、『老子』のなかで「道」とか「玄」として示された根源の働きを、『古事記』や神道では、「むすひ」（『古事記』では「産巣日」、『日本書紀』では「産霊」の字をあてる）といっています。このいい方は、哲学的というよりも、より身体的でフィジカルですが、しかしたんに物質や物体を意味するものではありません。物質化させていく原動力の根源に働いているもの、それを「むすひ」といっています。

老荘思想や道教と神道には親和性や共通点があると、いろいろなひとがいっていますが、わたしもそのようにおもうところがあります。そこでは、なによりも、自然の働きの玄妙さに、すなおに頭《こうべ》をたれ、人間的で人為的なはからいをすてて、その大いなる宇宙の海のなかに参入していくことをうながしているからです。

老子も荘子も、神道も、考えすぎるな、こだわりすぎるな、じぶんの尺度だけでものを見るな、ことあげするな、とおしえています。そのような「じぶん離れ」や脱人間中心主義を推奨している点で、そして自然主義というか、道玄妙主義をつらぬこうとしている点で、とてもたいせつなメッセージを発しているとおもうのです。

ここで、すこし、個人的なことをお話ししたいとおもいます。二十歳のころに、わが家が集中豪雨のために、徳島県下で一軒だけ、山崩れに遭遇して全壊したことを第1章でしるしましたが、そのことでわかるように、わが家の背後は山でした。それほど高くはない標高二百メートルほどの山なみの山すそに家がありました。

　祖父が剣道六段錬士《れんし》、父が剣道三段であったこともあり、わたしは子どものころから、わが家の庭で、面や胴や小手をつけた等身大のおとなの人型を相手に、竹刀のうちこみをくりかえし練習しました。それだけでは満足できず、ひとりで裏山にはいって、山のなかの大木や吹きつけてくる風にむかって、エイッ、ヤーッ、トーッ、と竹刀や木刀をふりかざしていたのでした。そして、父にしかられたときなど、その山のなかに逃げていって、夜がふけるのをすごしたことも、いちどならずありました。

　夜の森のなかは、神秘というより、恐怖、です。くらいので、風が吹いてきたときなど、木々の葉擦れの音が、まるで海鳴りのような大きなひびきできこえてくるのです。それはあたかも、台風のときの荒れた海のなかにいるような感じでした。まだ小学生のちいさな年齢だったので、よけい夜の奥ふかさが、そこしれない不気味さが身にこたえたのだとおもいます。

　そんなじしんの経験が、『老子』や『荘子』を読んでいたときに、強烈な身体感覚をともなう思い出としてよみがえってきたのです。ああ、『老子』がいっている「道」とか「妙」とか「玄」とかは、この大宇宙のまっ暗闇の、まだなにものもすがたかたちもないなかでの、ある微妙で、強烈な自然のいとなみの発動をあらわす概念だが、それはあの森のなかの夜の風の大音響と似ているな、とおもったのです。とてつもないふかみ、じぶんの手にはおえない大自然のいぶき、いのち、活力。なんといってよいのか、そのような大自然力がある。そして、その大自然力がすべての存在の根底にある。そこから、すべてがはじまり、うごいている。それは目には見えず、はじまりもわからず、いつ果てるともしれない、探知不能、感知不能のなにものか、である。そのちからのみなもとを、子どものころ夜の森の闇のなかで、ふるえながらいやというほど感じていた。その畏怖感。それが、「道」や「玄妙」や「むすひ」を感受する根本感覚ではないか。

　そんなことを、考えたのです。このとき、老荘思想の心直しとは、道や自然の根源的なはたらきのなかに自己を投入することによってうまれてくる「玄」や「妙」の「変転」（陰陽の働き）のダイナミズムではないか、とおもいました。

　大学生のころ、わたしは一週間の完全断食をしたことがあります。横浜のアパートから、ふだんいじょうにねっしんに渋谷にある大学にかよいながら、満員電車のなかで、また渋谷や横浜の雑踏のなかで、空腹でふらふらになりました。水ものまず、ものもくわず、なにひとつのどをとおさない一週間をすごして、死にかけたりしました。しかしそのとき、「気」という存在がリアルに感じとれたのです。ひとがたのしそうに笑いながらいっしょに食堂などでご飯をたべているときなど、とてもあたたかなよい気があふれでてきて、断食しているわたしのなかにもその気がながれこんできて、じぶんが元気になるのがわかりました。

　そのはんたいに、殺気だったおとなどうしが険悪な表情でいい合ったり、あらそったりしているのを見ると、まっくろい矢のようなものがじぶんのからだに突きささってくるのを感じました。気は存在する。かくじつに。「仙人は霞《かすみ》をくって生きている」といわれるが、じつは、「霞」とは「気」のことであった。だから、仙人は気という「かすみ定食」を毎日毎食たべているので、それで百年でも二百年でも生きているのだ、とおもったのでした。そして、このまま断食修業をつづけていったら、やがていつしか仙人になることができる、とおもったのです。

ですが、わたしは、そのような無謀とも冒険ともいえるような仙人修業の道にはいることはありませんでした。しかし、そのとき、仙人の術がたんなる空想や幻想ではなく、リアルでフィジカルな修行にもとづいて構築されていることをはっきりと感じとったのです。

3 − 杜子春と芥川の心直し

芥川龍之介《あくたがわりゅうのすけ》（一八九二〜一九二七）の有名な小説に『杜子春《とししゅん》』という中国の洛陽《らくよう》を舞台にした作品があります。唐の洛陽の西門のところで、もともとは金持ちだった杜子春が、親の遺産を使い果たしてすっかり貧乏になって、なすすべもなくたたずんでいました。そこに不思議な「片眼眇《すがめ》」の老人があらわれて、ここを掘ってみなさいとすすめ、そのとおりすると、荷車いっぱいの黄金が掘りだされたのです。

すっかり大金持ちになった杜子春は、しかし、またもやこのお金を浪費して使い果たしてしまい、三年後に一文なしになってしまいます。そして、ふたたび、洛陽の西門のところでぼうぜんとたたずんでいると、まえとおなじように老人があらわれて、またべつの場所を掘るようにおしえてくれます。そこを掘って、またもや大金持ちになるのですが、まえとまったくおなじようにあそびくらしてすっかり散在してしまい、もとの貧乏にもどります。

そしてまた、洛陽の西門の下でたたずんでいると、二度あることは三度あるのことわざどおり、あのふしぎな老人があらわれたのです。しかし、このあいだの大金持ちと貧乏とのうきしずみの経験によってすっかり人間ぎらいになってしまった杜子春は、もうお金には興味をもたず、その老人が「道徳の高い仙人」であることを見ぬいて、「不思議な仙術」をおしえてほしいとたのむのでした。

老人はねっしんに懇願する杜子春を見て、自分は峨眉山《がびさん》に住む鉄冠子《てっかんし》という仙人であるとほんとうのことをつげます。そして、青竹にまたがって、杜子春を峨眉山につれていき、杜子春に仙人になるための厳しい修行を課していきます。それは、なにがあっても、ぜったいにひとこともことばを発してはならぬという修行で、そのことをいいおいて、鉄冠子はどこかへさっていってしまいました。

峨眉山の頂上にとりのこされた杜子春は、そこでさまざまな試練を受けることになりました。見るからにおそろしいどうもうな虎や大蛇があらわれておそいかかってきます。それでも杜子春は鉄冠子のいいつけどおり、ひとことも発しませんでした。

そして、鬼神におどされても、地獄におちて責め苦を課せられても、それでもひとことももさなかったので、おこった閻魔《えんま》大王が畜生道《ちくしょうどう》に落ちていた杜子春の両親を、鉄の鞭《むち》で鬼たちにうたせます。そのあたりの責め苦を、芥川はつぎのようにえがきだします。

　閻魔大王は森羅殿も崩れる程、凄じい声で喚《わめ》きました。

「打て。鬼ども。その二匹の畜生を、肉も骨も打ち砕いてしまえ」

　鬼どもは一斉に「はっ」と答えながら、鉄の鞭をとって立ち上ると、四方八方から二匹の馬を、未練未釈《みれんみしゃく》なく打ちのめしました。鞭はりゅうりゅうと風を切って、所嫌わず雨のように、馬の皮肉を打ち破るのです。馬は、——畜生になった父母は、苦しそうに身を悶えて、眼には血の涙を浮べたまま、見てもいられない程嘶《いなな》き立てました。

「どうだ。まだその方は白状しないか」

　閻魔大王は鬼どもに、暫く鞭の手をやめさせて、もう一度杜子春の答を促しました。もうその時には二匹の馬も、肉は裂け骨は砕けて、息も絶え絶えに階《きざはし》の前へ、倒れ伏していたのです。

　杜子春は必死になって、鉄冠子の言葉を思い出しながら、緊《かた》く眼をつぶっていました。するとその時彼の耳には、殆《ほとんど》声とはいえない位、かすかな声が伝わって来ました。

「心配をおしでない。私たちはどうなっても、お前さえ仕合せになれるのなら、それより結構なことはないのだからね。大王が何と仰《おっしゃ》っても、言いたくないことは黙って御出《おい》で」

　それは確に懐しい、母親の声に違いありません。杜子春は思わず、眼をあきました。そうして馬の一匹が、力なく地上に倒れたまま、悲しそうに彼の顔へ、じっと眼をやっているのを見ました。

母親はこんな苦しみの中にも、息子の心を思いやって、鬼どもの鞭に打たれたことを、怨む気色さえも見せないのです。大金持になれば御世辞を言い、貧乏人になれば口も利かない世間の人たちに比べると、何という有難い志でしょう。何という健気《けなげ》な決心でしょう。杜子春は老人の戒めも忘れて、転《まろ》ぶようにその側へ走りよると、両手に半死の馬の頸《くび》を抱いて、はらはらと涙を落しながら、「お母《つか》さん」と一声を叫びました。………

こうして、猛獣にも鬼神にも閻魔大王の責め苦にも決してひとこともらすことのなかった杜子春は、とうとう「おっかさん！」とことばを発してしまったのです。特攻隊で亡くなっていった少年兵たちが最後の最後に「おかあさーん！」をいうことばをさけんだように。「母の恩は山よりも高し、海よりも深し」ということなのでしょうか。

けれども、杜子春が発したそのひとことで、仙人になる夢は崩れ落ちました。杜子春は気がつくと、もとの洛陽の西門のところで、ぼんやりとたたずんでいたのでした。そして、小説『杜子春』はいっきょに最終場面に突入し、つぎのような結末をむかえます。

その声に気がついて見ると、杜子春はやはり夕日を浴びて、洛陽の西の門の下に、ぼんやり佇んでいるのでした。霞んだ空、白い三日月、絶え間ない人や車の波、――すべてがまだ峨眉山へ、行かない前と同じことです。

「どうだな。おれの弟子になったところが、とても仙人にはなれはすまい」

片目眇《すがめ》の老人は微笑を含みながら言いました。

「なれません。なれませんが、しかし私はなれなかったことも、反《かえ》って嬉しい気がするのです」

杜子春はまだ眼に涙を浮べたまま、思わず老人の手を握りました。

「いくら仙人になれたところが、私はあの地獄の森羅殿の前に、鞭を受けている父母を見ては、黙っている訳には行きません」

「もしお前が黙っていたら――」と鉄冠子は急に厳《おごそか》な顔になって、じっと杜子春を見つめました。

「もしお前が黙っていたら、おれは即座にお前の命を絶ってしまおうと思っていたのだ。――お前はもう仙人になりたいという望《のぞみ》も持っていまい。大金持になることは、元より愛想がつきた筈だ。ではお前はこれから後、何になったら好《い》いと思うな」

「何になっても、人間らしい、正直な暮しをするつもりです」

杜子春の声には今までにない晴れ晴れした調子が罩《こも》っていました。

「その言葉を忘れるなよ。ではおれは今日限り、二度とお前には遇わないから」

鉄冠子はこう言う内に、もう歩き出していましたが、急に又足を止めて、杜子春の方を振り返ると、

「おお、幸《さいわい》、今思い出したが、おれは泰山《たいざん》の南の麓に一軒の家を持っている。その家を畑ごとお前にやるから、早速行って住まうが好い。今頃は丁度家のまわりに、桃の花が一面に咲いているだろう」と、さも愉快そうにつけ加えました。（『蜘蛛の糸・杜子春』新潮文庫）

杜子春の無言の行《ぎょう》は、「おっかさん！」の叫びでついえますが、しかし、そのあとの杜子春の人

生はおだやかなものになりそうだという結末です。「人間らしい、正直な暮しをする」というのですから。たいへん興味ぶかいのは、そのとき、鉄冠子が道教の拠点である「泰山の南の麓」にある「一軒の家」を杜子春に畑ごとあたえるということです。これが、老荘思想や道教的な仙人修行のいきつく先だと芥川は設定したのですが、もちろんこれには原作があります。

芥川は、唐代の伝奇『杜子春伝』（李復言『続玄怪録』所収）をもとに、内容にいくらかの改変をくわえて小説にしたてました。その改変とは、まず、舞台設定と時代背景です。原作では、舞台は隋の都の長安《ちょうあん》で、時代は南北朝時代末期の周と隋のあいだごろの冬の季節と設定されていますが、芥川はそれを、唐の時代の副都の洛陽と改変し、季節は春としています。

また、芥川の作品では、杜子春は独身の若者ですが、原作の杜子春は中年男で、十数年以上つれそった妻がいます。くわえて、ふしぎな老人は原作では道教の「道士」（修行者）ですが、芥川作品では『三国志演義』にでてくる有名な仙人の「左慈《さじ》鉄冠子」とされます。また、その老人がつれていって修行をさせられる霊山は、原作では、長安ちかくの道教の霊山である「華山《かざん》」の「雲《うん》台峰《だいほう》」ですが、芥川作品では、洛陽から西に遠くはなれた四川省にある道教の霊山「峨眉山」です。また、修行中におこる幻覚体験について、原作では、それを薬物によるものと説明していますが、そのあたりの説明は芥川作品にはありません。

そして、もっとも大きな改変は、原作の幻覚体験のなかでは、杜子春が絶世の美女にうまれかわって結婚して子どもまでもうけることになっているのですが、芥川作品では、そこがスパッと削除されています。そして、幻覚をやぶるひとことは、原作では、絶世の美女にうまれかわった杜子春が、夫に殺害されたわが子にむかって、「噫《ああ》」と発することになっていますが、芥川作品では、杜子春が母をおもって「おっかさん！」と声を発することになっています。愛の発信が、母から子へか、子から母へかという、ベクトルが正反対のちがいになっています。

芥川作品では、鉄冠子が杜子春にたいして、「もしお前が黙っていたら、おれは即座にお前の命を絶ってしまおうと思っていた」といいますが、原作では、つぎのように、すこし道教的な教説が道士によってのべられています。（新釈漢文大系『唐代伝奇』明治書院、三七一頁、一九七一年）

吾子《ごし》の心は、喜・怒・哀・懼《く》・悪《お》・慾は皆、忘れぬ。未だ臻《いた》らざる所の者は、愛のみ。向《さき》に、子をして噫の声無からしめば、吾の薬は成り、子も亦上仙せり。嗟乎《ああ》、仙才の得難きかな。吾が薬は重ねて練る可《べ》し。而《しか》れども子の身は猶世界の容るる所と為る。之を勉めよや。

――おまえは、こころのなかにおこってくる喜びや怒りや悲しみや恐怖や憎悪など、すべての「欲」を忘れることができた。だが、最後まで忘れることができなかったのは、愛だった。もしおまえが「ああ」というひとことを発しなければ、おれがあたえた薬が功をそうして、おまえも仙人になれたのに。ああ、なんと仙人になる才能は得難いものか。おれはまた薬をつくり直すことにしよう。おまえはもとの人間世界に戻って、つとめを果たせ。――

原作では、このような道士のさとしがあり、杜子春はもとのくらしに戻るのですが、しかし、悔しさとはずかしさで、もういちど「華山」の「雲台峰」にのぼり、おわびをしようとします。

其の誓《ちかい》を忘れしを愧《は》づ。復《ま》た自ら以て其の過ちを謝することを効《いた》さんとして、行きて雲台峰に至るに、絶えて人跡無し。歎恨して帰る。

――杜子春は誓いを忘れたことを恥じた。そこであらためて自分のあやまちをあやまろうと華山の雲台峰にのぼったが、そこにはだれもおらず、人気はなかった。杜子春は「歎き恨」んで帰るほかなかった。――

芥川作品が、とてもヒューマンというか、正直な真人間的《まにんげんてき》なくらしにたちかえるという結末にしているのにたいして、原作では道士との誓いを守れず、仙人になれなかったことをたいへん残念におもう気持ちがのこっています。原作と芥川作品との改変箇所を比較すると、芥川が道教的な仙人修行にそれほどの価値をおいていなかったことがすけてみえてきます。そして、最後に杜子春じしんによって、「人間らしい、正直な暮しをする」という決意が表明されるのですが、もし芥川じしんが、遺作となってしまった『或阿呆の一生』などを書くことなく、どこか、田舎にひきこもって、たんぼやはたけをたがやしながら生活することができていたら、自死することもなかっただろうとおもわずにはいられません。その意味では、芥川はじしんの心直しに失敗したといえるかもしれません。けれども、解決しようのないどうしようもない苦悩に見舞われていたからこそ、芥川は晩年の『河童』などのふしぎな名作を書くことができたというのもじじつなのでしょう。わたしには『河童』などの芥川の最晩年の小説はとてもすきな作品です。それらはじつにひりひりと、こころに刺さってきます。

4 ― 気功による「いき」直し

芥川龍之介は、大正十年（一九二一）三月下旬から七月上旬までの五ヶ月間、約百二十日あまりの中国旅行をしています。大阪毎日新聞社の依頼で、上海、南京、九江、漢口、長沙、洛陽、北京、大同、天津などをめぐります。そして、『支那游記《しなゆうき》』や『上海游記』や『江南游記』や『長江游記』『北京日記抄』などを書きました（『上海游記・江南游記』講談社文芸文庫）。

とくに、北京には一ヶ月ほど滞在し、その地がとても気に入ったようで、中国民俗を研究する中野江漢《なかのこうかん》の案内で、万寿山（頤和園《いわえん》）や玉泉山や天壇《てんだん》や地檀や雍和宮《ようわきゅう》や白雲観《はくうんかん》など、道教的な施設や道場なども見てまわりました。しかし、華山や峨眉山にはのぼらなかったようです。

二〇一七年の七月七日、わたしはその峨眉山にのぼることになりました。峨眉山の地で、その年の七月四日から十日まで、日本と中国との峨眉派気功《きこう》や中医学《ちゅういがく》・養生学《ようじょうがく》を中心とした国際シンポジウム“2017 Emei International Symposium on Health Cultivation & Conference of Emei International Practice, Doin and Massage System”がおこなわれることになり、発表者のひとりとして参加したのでした。このとき、フランスから四十名、日本からも四十名、中国からは七十名近い参加者がいて、およそ百五十名くらいで交流し、論議しあいました。テーマは、「中国の養生文化、峨眉山における古代の修練」（Health Culture at China,Ancient Practice at Emei）でした。

そこでわたしはサミット論壇のスピーカーの一人として「日中身心変容技法の展開」について話をしました。主催は北京黄亭中医薬研究院と峨眉山市武術協会で、峨眉内功導引按蹻術《ないこうどういんあんきょうじゅつ》峨眉山国際伝承センターの実行でした。わたしは、「身心変容技法」にかんして、日本が中国とひんぱんに文化交流した時期は、大きく三期あったと話しました。

①第一期―八世紀から九世紀初頭。主に仏教、特に天台法華《てんだいほっけ》（最澄）と真言密教（空海）の導入
②第二期―十二世紀から十三世紀。主に禅《ぜん》、特に臨済《りんざい》禅（栄西《ようさい》）と曹洞《そうとう》禅（道元《どうげん》）の導入
③第三期―二十世紀から二十一世紀。主に気功諸流、特に健身気功と峨眉養生気功の導入

そして、空海と栄西と道元に焦点をあて、中国の各時代の影響を受けながら日本で独自の身心変容技法が展開されていく過程をわたしなりの観点で説明しました。

古代の最澄と空海。中世の栄西と道元。そして、現代の気功。この気功の根幹に中国の道教の伝統があります。峨眉山はその道教の最重要拠点だったのです。

その峨眉山のなかでねりあげられ、つたえられてきた「峨眉丹道《たんどう》医薬養生学派」の第十四代の伝人（伝承者）が、中医師でもある張明亮《ちょうめいりょう》さん（一九七〇〜）です。その張さんを院長にむかえて、二〇一五年六月に、日本で、一般社団法人峨眉養生文化研修院が設立されました。ひょんないきさつで、その団体の代表理事をわたしがつとめることになりました。こうして、わたしは、及ばずながら、峨眉丹道気功を中核とする峨眉養生文化の研究と実修にかかわることになったのです。

わたしがはじめて中国をおとずれたのは、一九八九年三月のことでした。当時、関西気功協会を主宰していた津村喬《つむらたかし》さん（一九四八〜二〇二〇）のまねきで、北京の臥仏寺《がぶつじ》で行われた気功の研修と日中シンポジウムに参加したのが、さいしょの中国訪問でした。その時のシンポジウムの席上で、わたしはつぎのように発言したことをよくおぼえています。「この気功学習と日中学術交流は、千四百年近く前の日本人が遣隋使や遣唐使として世界最大の文明地である中国に行って、中国文明の精髄を学び、それを持ち帰って日本文明の新たな創造に寄与した試みに匹敵するような、現代の遣隋使・遣唐使であります。」

ちょっと気恥ずかしくなるような、大言壮語の発言ですが、当時、本気でそのように考えていましたし、いまでもその気持ちに変わりがありません。それから三十年余のときがすぎました。張明亮さんの本は、中国では十冊以上出版されていますが、日本では三冊が翻訳出版されています。『気功の真髄―DVD付き 丹道・峨眉気功の扉を開く』（山元啓子訳、KADOKAWA、二〇一五年）、『峨眉伸展功―あなたの身体を呼び覚ませ』（山元啓子訳、ビイング・ネット・プレス、二〇一六年）と『五臓の音符―気の音楽療法』（山元啓子訳、ビイング・ネット・プレス、二〇一八年）です。

それを見ると、中国的な心直しが、気功という身心変容技法をとおして、「身直し」のわざを発達させ、伝承してきたことがよくわかります。この三十年余の中国気功とのまじわりから、わたしは峨眉丹道医薬養生学派をはじめとする中国気功文化のさらなる錬成と広がりが、混迷する世界や日本の情勢にひとすじの光明と道標と具体的な方法をもたらすことになると確信しています。

その気功には、①導引、②吐納《とのう》、③存思《ぞんし》、の三つの要素があります。それを、身体・呼吸・意念とも、調身・調息・調心ともいいかえることができます。ということは、

①導引―身体―調身
②吐納―呼吸―調息
③存思―意念―調心

という三つの系をつなぎ、調和させることが「気功」という身心変容技法の目標であり、「身直し」の修練ということになります。なかでも、吐納―呼吸―調息は、かなめをなすところです。なぜなら、すべての身心変容技法は、呼吸のしかたがトリガー、身心変容の引き金となるからです。目に見えるからだと目に見えないこころがふたつの極であるとするならば、そのあいだにあって、からだとこころとのデリケートな変化をそのつどあらわしたり、ひきおこしたりするのが呼吸です。呼吸をとおして、こころとからだはインターフェース（相互浸透）しているのです。

わかりやすい例をあげてみます。たとえば、緊張しているときの呼吸はあらくて、はやくなるでしょう。そのとき、からだはかたくなり、緊張し、とても防衛的になっています。そのはんたいに、リラックスしているときの呼吸はゆるやかで、ふかいのです。そのとき、からだはやわらかく、受容的になっています。

そこで、意図的に、呼吸のしかたによってからだとこころの状態を変化させ、コントロールできることをまなびます。これが、座禅であったり、気功であったりするわけです。なかでも、峨

眉丹道医薬養生学派の気功は、十二世紀の南宋末の道士で僧侶でもあった白雲禅師にはじまる「峨眉臨済宗」の身心変容技法として発展してきたものです。ここには、座禅的な呼吸瞑想と、道教的な導引の両方が統合されています。

張明亮さんが指導する「峨眉伸展功《しんてんこう》」は、その峨眉丹道医薬養生学派の基礎をなすものですが、張さんは「放鬆《ほうしょう》」を達成するためには「伸展」が必要だと力説します。つまり、ふかく身心をゆるめてリラックスした状態である「放鬆」へは、その前提として、大きくふかい「伸展」がなければいたることはできないというのが張さんの考えです。

わたしは、東日本大震災や熊本大震災がおこったとき、「こんなときにこそ、気功を役立てないで、いつ気功を役立てるの?」ということをいって、峨眉養生文化研修院の理事で気功指導者をしているひとに、被災地にはいって、すこしでもからだを楽にしてもらう「かんたん気功法」をおしえにいってもらったことがあります。震災や津波など、自然災害がおこってきたとき、わたしたちは喪失の大きさにいつまでもショックをうけて立ち直れないことがままあります。そんなこころが折れてしまったようなときは、からだのほうからアプローチしてやわらかくしてみることが必要だとわたしはしんそこおもっています。「心直し」をするためには、「体直し」が有効である。これが、わたしが身心変容技法の研究をとおして得た結論であり、現実的な見方です。

無理をすることはない。痛いものはいたい。辛いことはつらい。それをそれとしてうけとめながら、しかし、まずはからだをやわらかくしてみましょう。からだをマッサージすることによって、こころをマッサージしていくこともできる。道教も気功もそのような道をおしえてくれています。そのためにも、からだの「のび（伸び）、伸展」が必要なのです。「伸展」なしに「進展」はないのです。つまらないおやじギャグをいっちゃいましたね。しつれいしました。

禅ではよく「大円」のかたちが完全なる悟りの状態をあらわすシンボルとして使用されますが、その大円をじしんの身心をとおして実現するためには、大きくてふかい、どこまでもまっすぐにのびていく「伸展」がなされなければ、大円の完成と充実にはいたれないということです。

張明亮さんは『五臓の音符』で、峨眉丹道医薬養生学派には、気功と医薬と食餌《しょくじ》の三つの伝統がバランスよくつたわっているとし、つぎのようにのべています。

> 峨眉丹道医薬養生学派は、長年に渡る不断の改善と発展を経て、理論と実践が融合した豊富な内容を持つ独特の体系を、徐々に形成してきたのです。この深遠な内容は、主に気功・医薬・食餌の三つの分野から成り立っており、略称して「気功薬餌療法」と呼ばれています。これは、現代医学が、運動・医薬・栄養を、健康を保証する三要素であるとする意見と、はからずも一致しています。
>
> 本学派の功法には、気功と武功の二種類があり、養生、保健という働きだけでなく、また敵を制して身を守る一面も併せもっています。主なものに、峨眉十二荘、峨眉法済荘、峨眉臓腑導引術、峨眉六大専修功、峨眉専修小功法、周天搬運法、帰一清静法、峨眉紐糸拳、峨眉剣、峨眉棍などがあります。

医薬の分野では、本学派は古典丹道医学の主流正伝を継承しています。理論と実践の両者が充実し、それらが体系化しています。その治療効果にも目を見張るものがあります。また、消滅に瀕《ひん》していた多くの古典医学理論や診療技術、たとえば、陰陽大論、証治大法、鍼灸《しんきゅう》大法や二十部分経候脈（遍診法）、経絡裡支内照図、内功推拿導引按蹻術、盤龍針法、玄門四大丹、玄門九九八十一小丹などが、本学派に残されています。

食餌の分野では、養生、保健を含め、疾病《しっぺい》の保養、治療のさまざまな飲食法があります。その調理法によって、菓子、チーズ、膏露《こうろ》（甘露）、清蒸（醤油などの調味料は使わずに蒸したもの）、紅燴（トマトソース煮込み）、粉蒸（もち米の粉をまぶして蒸したもの）、烤炸《こうさく》（焼きもの、揚げもの）、熘炒《りゅうそう》（炒めあんかけ）、燜燉《もんとん》（煮込み）などに分類され、また、その材料によって、血肉（肉、魚介）類、草木類、菜蔬《さいそ》（野菜）類、霊芝《れいし》類、香料類、金石類などに分類されます。またそれらをまとめて、更に葷腥《くんせい》（生臭物）門と素浄（精進物）門の二つに大別されます。

峨眉丹道医薬養生学派は、導引を用いて人体の気脈の循環を整え、五臓六腑や身体全体の機能を強め、疾病の侵入を防ぐことや、食餌の方法を用い人体の精気を補い、気血を旺盛にし、巡りをよくし、人体の陰陽の偏りを調節すること、そしてまた、医薬の方法を用いて気血の偏りや欠損を補い、病人を治療し助けることを重んじています。導引、食餌、医薬の三者を弁証し、科学的にそれらを組み合わせて運用すると、相互に作用し、より素晴らしい効果を得ることができます。これを臨床に応用すると、よく想像以上の効果を得ることがあります。この理論の理解や実践を高めていけば、人々の養生保健の全体のレベルが上がり、将来必ず積極的に養生保健を推進する一助となるでしょう。

中医、中薬、鍼灸、推拿、導引、太極、武術などは、今日、世界から大いに注目されつつあります。これら養生文化は、中国の伝統文化の重要な要素であり、また豊かな深遠な学問です。その思想の核心にあるのは、「天人合一」の生命価値観です。本来の健康は外部からの助力に頼るだけではなく、自らホリスティックな健康的な日常生活を送ることが必要です。それには、飲食の仕方、医薬の用い方、日常の立ち居ふるまい、適切な休息と運動、また知的活動や感情のあり方、道徳心を培うことなどが含まれます。これらがコントロールされ調整されると、心身の調和がはかられ、次に社会、さらには自然とも調和がとれるのです。それでこそ、トータルな正真正銘の健康状態が得られるのです。（山元啓子訳）

ようするに、導引（気功）と医学・医療（中医学）と食餌（食事）の三分野をうまくつなげて「養生」していくという伝統文化がしっかりのこされているということです。

中国で白雲禅師が「峨眉臨済宗」として峨眉派の導引をはじめたころ、日本では明庵《みんなん》栄西（一一四一～一二一五）がでて、あたらしい中国仏教をまなぶために、一一六八年に南宋に留学しています。そして、天台山万年寺で禅を学び、一一八七年にふたたび南宋にわたって、一一九一年に、天台山万年寺の虚庵懐敞《きあんえじょう》から臨済宗黄龍派の嗣法印可《しほういんか》を受けて帰国しました。こうして、栄西は、一一九五年に、九州の博多で、日本初の禅道場として聖福寺《しょうふくじ》を創建したのです。この栄西禅師が日本の臨済宗の宗祖となっていることは、みなさんもしってのとおりです。

このように、中国での峨眉臨済宗のおこりと、日本での臨済宗のはじまりとは軌を一にしているのです。

白雲禅師は、はじめは、天下無双の大変勇壮な武人であったといわれています。そのあと、道教の道士となり、最後に仏教の臨済禅にいきつきます。乱の時代の勇者が、乱の時代を真におさめるためには、「天下布武」ではなく、「天下布身（心）」の身心変容技法が必要だったということでしょう。

わたしは、峨眉山市での国際研修と国際シンポジウムのあいまの七月七日、七夕の日に、峨眉山に登拝し、三千メートルを超える山頂の金頂山で、般若心経をとなえ、持参した石笛と横笛と法螺貝のわが三種の神器を奉奏しました。この峨眉山体験は、わたしにとってひとつのふしめとなるものでしたが、それから三年がたって、この本をこのようなかたちで書きすすめることができるのも、峨眉山と比叡山のおかげとおもっています。

5 ― 忘れること

ところで、『荘子』の思想と身心変容技法のなかで、「忘れる」ということはネガティブなことではなく、そのはんたいに、とても重要な心直しになっていきます。忘れることはそれほど容易なことではない。それにもじつはある種の技法が必要である。荘子はそれを、たとえば「坐忘《ざぼう》」すなわち忘却という概念によって表現します。

あるとき、顔回が孔子に「私にも、一つの進境がありました」と告げた。孔子が「それは、どのようなことかね」とたずねると、顔回は「私は仁義を忘れることができるようになりました」と答えた。すると、孔子は「わるくはないが、まだたいしたことはないね」といった。

他日、顔回はまた孔子にあい、「私にも、一つの進境がありました」と告げた。孔子が「それは、どのようなことかね」とたずねると、顔回は「私は礼楽を忘れることができるようになりました」と答えた。すると、孔子は「わるくはないが、まだたいしたことはないね」といった。

他日、顔回はまた孔子にあい、「私にも、一つの進境がありました」と告げた。孔子が「それは、どのようなことかね」とたずねると、顔回は「私は坐忘ができるようになりました」と答えた。

これを聞いた孔子は、思わず顔色をひきしめてたずねた。

「坐忘というのは、どういうことかね」

顔回は答えた。

「自分の身体や手足の存在を忘れ去り、目や耳のはたらきをなくし、形のある肉体を離れ、心の知をすて去り、あらゆる差別を越えた大道に同化すること、これが坐忘です」

これを聞いて、孔子はいった。

「道と一体になれば、もはや好悪の差別の心はなくなるし、変化のままに従うならば、一定のものだけを追い求める心もなくなる。お前は、やはりたいした人物であった。私も、お前について教えを乞わなければなるまい」（『荘子Ⅰ』大宗師篇、一八三～一八四頁、森三樹三郎訳、中公クラシックス、二〇〇一年）

『荘子』はじつにおもしろいですね。儒教の教祖を手だまにとって、茶化しながら、道学の玄義を明白にしたのですから。「仁義」も「礼学」もともに儒学・儒教の最重要のおしえと実践です。しかし、それらをうち忘れて、「坐忘」してはじめて賢者になったというのですから。「自分の身体や手足の存在を忘れ去り、目や耳のはたらきをなくし、形のある肉体を離れ、心の知をすて去」る。それが「大通」である、「大道」に参入することだというのです。

とすれば、忘れることなしに解脱はない、ということになります。これはなんたる皮肉。逆説でしょう。

でも、それほどかんたんにわたしたちは忘れることなどできません。忘れることができないから、つもりつもったストレスがわが身とわがこころを追いこんで、どうしようもないところまで追いこみ、そのけっか、芥川龍之介のように自死してしまうこともおこってきます。うまく、きれいに忘れること。それがどれほどむつかしいことか。なやみになやんできたひとほど、そのことを身にしみてわかってくださるでしょう。

三十五歳のころ、わたしもあることが忘れられなくなり、気が狂うか、自死するか、それともだれかを傷つけてしまうか、どうしようもないところまで追いこまれたことがあります。そのころ、わたしは、「魔」というほかないなにか得体のしれないものに遭遇しました。そして、その「魔」がじぶんの意識のなかに入ってくる、眠ると夢のなかに入ってくるという強迫観念にとらわれて、どうしようもない混乱と混沌におちいりました。そして、この四十日間、一睡もすることができず、おかしくなる寸前までいっていました。

寝いりばなに、バチーンという大音響とともに、脳内で光が炸裂《さくれつ》しました。そのとき、わたしは寝床のなかで、地震に突きあげられたような感じで、横たわったまま三十センチほど飛びあがったような感じをもちました。それ以来、一睡もすることができなくなったのです。眠りにはいる回路が焼ききれてショートしてしまったというような感じでした。その原因は、杜子春の幻覚体験ではありませんが、「魔」を警戒して、夢を見ることをおそれたことにあります。そこで、無意識のうちに、眠りに入るのをおさえようとする気持ちがあったのでしょう。それが、寝入りばなに、激烈な脳内炸裂を誘発する原因になったのです。

こうして、じぶんを制御することも律することもできず、眠れぬ夜、身を横たえたまま朝をまち、朝日をおがみつづけました。そのとき、朝日だけが生きるということのふしめとなり、原点になるというおもいだけがあったのです。

ちょうどそのころ、ある講習会があって、眠れないままに参加していましたが、一日だけ休みがありました。その休みが、春分の日の休日でした。その休みを利用して、わたしは富士山からさしのぼってくる朝日をおがみたいという、ただその一念だけをもって山梨県の身延山《みのぶさん》のちかくにある日蓮宗の霊山の七面山《しちめんさん》にのぼりました。ほんとうに、わらにもすがるおもいでした。

　こうして、一九八六年三月二十日、三十五歳の誕生日の夜に七面山にのぼりはじめました。登山道はとちゅうから雪道になりました。登拝まえに、深夜の滝にうたれて身をきよめました。無我夢中でしたので、滝のつめたさもはげしさもそれほど気になりませんでした。

　富士山の真西に位置する七面山からは、一年に二回、春分の日と秋分の日の二回、富士山頂の真ん中から朝日がのぼってくるのが見えるのでした。だれかからそのことをききつけて、それを拝するためだけに七面山に登拝したのでした。

　雪のなか、七面山の山頂付近にたつ日蓮宗の寺院の敬慎院《けいしんいん》に到着し、そこですこし休息したあと、外にでてご来光を待ちました。いまだ漆黒の闇のなかで、うつくしい富士山のシルエットが影絵のように目のまえにありました。

　じょじょに東の空があかるんできて、富士山の山頂にあかみがさしてきました。読経の声がきこえました。「南無妙法蓮華経」ととなえるお題目の声もきこえました。そのなかで、わたしのとなえる大祓祝詞《おおはらえのりと》はかきけされていきました。

　ゆっくりとひと筋の光がさしこみ、富士山の真芯から朝日が顔をのぞかせました。ご来光を拝したあと、わたしは七面山の山頂にのぼっていきました。ほかにだれも山頂までのぼるひとはいませんでした。ずぶりと膝まではいるほどふかい残雪がありました。雪に足をとられ、汗びっしょりになりながら、小一時間ほどひっしで雪道をたどりました。まわりの風景を見るような余裕はまったくありませんでした。足元ばかりに気をとられながら、ようやく山頂に到着しました。そして、そのときはじめて、顔をあげて目のまえの光景に目をやったのです。

いきなり、正面にドーンと富士がそびえているのが見えました。その右手上空に、ピカピカと朝日がかがやいていました。まったく雲ひとつない快晴でした。そこに、その富士山と朝日をかこむかのように、大円周の虹がかかっているのが見えました。

わたしは、おもわず、「嘘だろ！　そんなの。ありかよ、こんなの。」という気持ちになり、まったく予期していなかった光景に気をとられて、その一瞬、呆けたようになっていました。はりつめていた気がいっきにぬけてしまったような状態になったのです。

そのとき、怒涛のごとく涙があふれでてきました。「たすかった。これでぼくはいきられる。」

瞬時に、そんなおもいがおしよせてきて、なぜか、ありがたいという気持ちでいっぱいになり、滂沱《ぼうだ》の涙となったのでした。背負っていたリュックサックから、持参していた中国伝来の雅楽につかう龍笛をとりだして、自作の「産霊《むすび》」という曲を吹きました。

その日からほんのわずかずつですが、眠れるようになったのです。はち切れそうになった風船あたまにちいさな穴があいて、すこしずつ風がとおるようになったのです。このときわたしは、富士山という天然自然に生存をゆるされたような気持ちになり、生きるちからを得たのでした。

そのことをふりかえってみますと、いちばんたいせつだったのは、「忘れる」ということだったとおもいます。いちばん気がかりなことを、ちょっとのあいだでも忘れることができるかどうか、手ばなすことができるかどうか、それが肝腎かなめの秘訣だったとおもいます。

荘子のとく「坐忘」の境地には遠く及びませんが、しかし、この体験によって、いっそうますます荘子のいうことが、わが身にせまってきたのです。

6 ― ありのままにあるとき

わたしは学生時代に、『老子』（角川新書、一九五七年）『山田統著作集』（全四巻、明治書院、一九八一年〜八二年）などの著書をもつ老荘思想の専門家の山田統《すめる》教授に二年間『老子』と『荘子』をまなびました。そして、すっかりその玄妙でパラドクシカル（逆説的）で、レトリカルで、アクロバティックで、遊戯的な言説の魅力のとりこになったのでした。二十歳のときから笛をふくようになったわたしにとって、とりわけ『荘子』の斉物論《せいぶつろん》篇冒頭の「天籟《てんらい》」のエピソードは最大の指南書でした。

あるとき、南郭子綦《なんかくしき》が空を見あげてしずかに呼吸を整えているうちに、ふしぎな境地にはいっていきました。その身心変容のさまを見て、弟子の顔成子游《がんせいしゆう》がどうしたのかと問うと、子綦は、いまじぶんはすべてを忘れていたといい、「人籟《じんらい》」と「地籟《ちらい》」と「天籟」のことをはなしはじめたのです。

「人籟」とは、ひとがつくりだす音や声です。人間音楽。それにたいして、「地籟」とは、大地が発する調和のひびきの音楽です。大地音楽。そして、「天籟」とは、この「人籟」をも「地籟」をも超えた天空の宇宙音楽です。

このエピソードを森三樹三郎《もりみきさぶろう》さん（一九〇九～八六）はこう訳しています。

南郭子綦は机にもたれてすわり、天を仰いで大きな息をはき、ぼうぜんとして、いっさいの相手の存在を忘れ去っているかのようだった。

顔成子游は、師の前に立ち、かしこまっていたが、このありさまを見ていった。

「いったい、どうされたのでしょうか。どうすれば、このように身体を枯れ木そっくりにし、心をまるで冷えきった灰のようにすることができるのでしょうか。いま机にもたれかかっておられる先生は、先ほど机にもたれかかっておられた先生と、まるでちがっているように思われます」

すると、子綦は口をひらいた。

「偃《えん》よ、お前も見どころがあるよ。そのような質問をするのだからな。いま、わしはわれを忘れていたのだ。それがお前にわかったのか。だが、お前は人が奏でる音楽を聞いたことはあるにしても、地の奏でる音楽を聞いたことはあるまい。また、たとえ地の奏でる音楽は聞いたことがあるにしても、天の奏でる音楽は聞いたことがあるまい」

そこで、子游は「どうか、その三つの音声についての道理を、お聞かせ願いたいと存じます。」といった。子綦はこれに答えていった。

「大地の吐く息を、名づけて風という。この風が起こっていないときは、何事もないけれども、ひとたび起これば、地上のすべての穴が怒りの声を発する。お前も、あの大風のひゅうひゅうといううなり声を聞いたことがあるであろう。(…中略…)

やがて激しい風が通りすぎると、すべての洞穴《ほらあな》は、ひっそり静まりかえる。そのあとには、ただ木々の枝が、音もなくゆらぎ、ひらひらとするのを見るだろう」

子游がいった。

「お教えにより、地籟とは無数の洞穴がたてる音のことであり、人籟とは笛などの楽器の音であることを知りました。それでは天籟とは何か、おたずねしたいと思います」

すると、子綦は答えた。

「それはほかでもない。さまざまの異なったものを吹いて、それぞれに特有の音を自己のうちから起こさせるもの、それが天籟である。万物が発するさまざまな音は、万物がみずから選び取ったものにほかならない。とするならば、真の怒号の声を発しているのは、はたして何ものだということになるのであろうか」(同二三〜二六頁)

ここにわたしは老荘思想や道教の心直しと身直しの極意を見ます。それは、「道」であり、「玄妙」であり、「無為自然」であり、その自然による「自然直し」、それにまさるものはないというこの宇宙的事態です。自然の大道のなかにすべてをうち忘れて、そのまま、ありのままのそのものになりきってあるとき、負の感情もそれじたいのメッセージと開放をうみだす、そう老子も荘子もおしえてくれています。

むりに型にいれるな。自由であれ。天籟のままを奏でろ。

相談「いくら養生や健康に気をつけていても、どうせいつかは死にます。養生や健康に意味はあるのでしょうか」

そのとおりですね。ひとはかならず死にます。いくら健康をじまんしているひとであっても、いつかは死にます。老衰で死ぬか、病気で死ぬか、わかりませんが、どれほど健康や養生に気をつけていても、ひとはかならず死にます。

とすれば、養生や健康にどんな意味があるのでしょうか？

帯津三敬病院の創設者で名誉院長の帯《おび》津《つ》良一《りょういち》さん（一九三六〜）は、わたしの尊敬するお医者さんですが、最近、「全力往生」ということをいっています。死ぬことも「養生」であり、「全力養生」した結果、「全力往生」もできるというのが、帯津さんの考えだとおもいます。基本的に、わたしもそのように考えていますが、それでも、そんなにうまく「全力養生」や「全力往生」ができるかといわれれば、結果がどうでるかは、たしかにさだかではありません。でも、「全力養生」することはわるいことではないでしょう？

帯津さんは、日本ホリスティック医学協会の会長をながらくつとめてきたホリスティック医学や医療の第一人者です。帯津三敬病院ではがん患者に気功を実修してもらっています。そんな気功実践を開院いらいずっとつづけています。帯津さんはよいとおもったことは、ためらわずに、全力でとりこみます。その結果がどうなるか、くよくよ考えたり、心配しすぎたりすることはありません。なるようになる、あるようにあるという、気というエネルギーのながれに身をまかせているからだとおもいます。

百冊以上ある帯津さんの著作のタイトルに、「自然治癒力」という名がついている本が、十冊ちかくあります。その「自然治癒力」を高めるためにも、ふだんの「養生」がたいせつなのです。

帯津さんの『全力往生—あの世とこの世にときめきを』（小学館、二〇一〇年）のなかみの各章は、たましいは滅びない、人には「死に時」がある、必要なのは「攻めの養生」、「ときめき」は養生の要諦、などとあります。

そこで、結論。帯津さんのメッセージをお借りするまでもなく、生きていくためにも、死んでいくためにも、養生も健康保持も欠かせません。「養生」とは、別名、「養死」なのです。

特別対談　ケアを沖縄から考える

※二〇二〇年十月二十四日、沖縄映像文化研究所代表の比嘉真人さんと著者が、沖縄の「黄金言葉」や聖地とケアのつながりについて、Zoomを用いて対談を行いました。

沖縄糸満の白銀堂で祈りを捧げるひとびと。

鎌田東二×比嘉真人（沖縄映像文化研究所代表）

ケアを生きた映画監督・大重潤一郎

鎌田東二（以下、鎌田） こんにちは。この度は比嘉真人さんと対談ができ、とても嬉しいです。わたしと比嘉さんの交流のきっかけは、やはり大重潤《おおしげじゅん》一郎《いちろう》監督（一九四六〜二〇一五年）の遺作『久高《くだか》オデッセイ第三部 風章』でしょうか。この作品は、「神の島」と呼ばれる沖縄久高島《くだかじま》の現在をとらえるドキュメンタリー三部作の最終章でした。わたしはこの作品の製作に携わりましたが、比嘉さんは、助監督として二年半、車いすに座る大重さんの手となり足となって、撮影だけでなく、生活全般のサポートもしていました。ひとは負の感情からどのようにケアされうるのかを考えるにあたって、この映画は非常に示唆的です。

比嘉真人（以下、比嘉） 大重監督は二〇〇四年に脳卒中で倒れ、重い後遺症

比嘉 真人［ひが まさと］一九七七年名古屋生まれ、東京育ち。東京のＴＶ局でドラマ・映画制作に携わった後、二〇〇七年沖縄移住。沖縄北部の米軍基地建設に抵抗する住民を撮影記録し、全国で上映会活動。『沖縄スパイ戦史』監督補など、基地問題を扱った作品に多数関わる。二〇一三年大重潤一郎監督との縁から『久高オデッセイ第三部 風章』助監督。監督死後、沖縄映像文化研究所を引き継ぐ。

著者・鎌田氏は京都の自宅から対談に臨んだ。

が残っていました。気分の落ち込みも激しく、撮影が中断すると寝込んでしまうときもあったので、監督の気分の変化にぼくがトーンを合わせていきながら、意思を通わせる日々でした。

鎌田　ここで簡単に、大重さんの経歴を紹介しておきます。一九四六年に鹿児島にうまれ、岩波映画の助監督となり、七〇年には『黒神』を自主制作し、以後、自然と伝統文化をテーマにしたドキュメンタリー映画を三十本ほど残しました。

一九九五年、神戸に住んでいた大重さんは阪神淡路大震災を経験したことをきっかけに、十年ほど編集しないまま眠らせていた『光りの島』（沖縄新城島《あらぐすくじま》を舞台にしたふしぎな劇映画）を集中的に編集します。その後は、久高島や沖縄の民俗を記録し続けた写真家の比嘉康雄さんの遺言を撮り（『原郷ニライカナイへ―比嘉康雄の魂―』）、それからは那覇と久高島に住み着いて、久高オデッセイ三部作を撮っていきました。

比嘉　大震災があった夏に『光りの島』を一気に編集したことには、監督らしい背景がありました。人間が作り上げてきた文明的な時間が震災でストップし社会が混乱している中、廃墟から芽を出しているタンポポに自然ほんらいのサイクルを見た。新城島は無人島で自然のサイクルだけがあっ

比嘉真人さんは沖縄から。

大重潤一郎さんと比嘉さん。二〇一五年五月二十七日、『久高オデッセイ 風章』の完成を祝して。

たから、感覚がピタリと新城島と重なったと話していました。

鎌田　「負の感情」とのつき合い方という点から見ると、「国破れて山河あり」というか、文明が滅んだり国家の仕組みが壊れてきても、そこに根づいた自然の息吹をつねに感じることができれば、おのずと自然治癒力（レジリエンス）によって生き直していける。そうした生き方を、大重さんじしんがずっと求めていた。その意味で、彼は根っからの自然派であり、アニミストでした。

比嘉　人間が作り上げてきたものやシステムが崩れても、「伝統文化」が失われようと、監督は動じていませんでした。制度がなくなった時に生起してくるもっと本質的なものを大切にしていたんでしょうね。久高島の十二年に一度の祭り・イザイホー（神女継承式）は、一九七八年に途絶えました。しかし監督は「祭りの上に首里王府が形作っていったシステムは途絶えても仕方がない。ご先祖さまたちや天・地・竜宮に毎朝お茶を捧げる祈りはいまも残っている。それこそが大事なんだ」と考えていました。

鎌田　大重さんは都会人よりも、自然に素朴に寄り添って、太陽を拝み、旧暦の月のリズムでやってくる魚をとって暮らすような、地球のサイクルのなかで生きる人間に共感していましたね。『久高オデッセイ第三部　風章』では、嵐にさらされ、海の恵みをすなどり、満月の夜にウミガメが浜にやってきて産卵するといった、久高島の命の息吹と自然のリズムが、じつにナチュラルに描かれています。だから、久高島を撮ることが、監督にとってのガーデン・セラピーだったように思います。久高島が「庭」で、庭仕事をする中で、どんどん癒されていった。大重さんの人生が、ケアそのものでしたね。

比嘉　監督にとって、久高島を撮ることじたいがケアになっていたと感じます。島に通って、島を撮るなかで、思考や感情が整理され、延命につながっていました。

いま縄文時代を生きている感覚

比嘉　監督は、人間の根っこの部分を大切にしていました。たとえ震災などの災害で人間がつくったものや文化が破壊されても、根っこがしっかりしていれば、九五年の春の神戸に咲いたタンポポのように、ひとは再生できるんだと信じていたと思います。

鎌田　大地の根っこにどうアクセスできるか、自然の深いところにどう根を下ろせるかが重要になりますね。わたしたちは自然や大地から「切れている」と思っているひとが、今は非常に多い。そんなひとに大重さんは、「切れているように見えても、切れていない」と言っていました。彼はよくこう言いました。「ぼくらは二〇一五年の地表に生きているが、五メートルほれば江戸時代の地層がある。十メートルで奈良時代、二十メートルほったら縄文時代があるんだよ。だからぼくらは、いまも縄文時代を生きているんだ」。この生命感覚・大地感覚。自分が大地と自然とに息吹かれていると感じることさえできれば、人間の尺度（ヒューマン・スケール）から解き放たれ、じぶんが自然とつながっていると思えてくる。約五百年つづいたイザイホーがなくなっても、何千年も前の祈りへ立ち返り、根づいていくことができる、という信念が大重さんにはありました。

比嘉　「いまも縄文時代なんだ」といえるところが監督の真骨頂ですね。漁港で魚釣りをしているおじさんを見れば、「縄文時代からつづく一本釣り。むかしとおなじ」とみることができた。縄文時代といまここがナチュラルに結びついていて、根本のところは変わらない、という感覚ですね。

　沖縄には、地域共同体のなかで労働力を互いに交換し合って助け合う「ゆいまーる」と呼ばれるシステムが機能してきました。たとえば地域で誰かが亡くなれば、葬儀屋に頼らずに、地域のみんなで葬式をやる。ぼくは東京育ちなので、こうしたシステムを知り感動しましたが、地域のひとにとってはしんどくて大変なものです。いま、沖縄でも地域的な人間関係が薄れてきていて、だから「絆を取り戻そう」という運動はいくつもあります。ただ、「ゆいまーる」はそもそも、首里王府への貢納の苦しみを軽減するために生まれた支援の仕組みです。その苦しみから解放されたとき、結びつきが弱まるのは、自然な流れだとも思うんです。

鎌田　過酷な負役から軽減されてきたという面ではそうですね。その一方で、相互扶助がもつ、互いに思いやり互いをケアしあう部分が失われつつあるのも事実です。負担をなるべく分配し軽減していくなかで、ケアのワザを共同体のみんなで積み上げてきた面もあります。たとえば地域の祭りに耐えがたい圧迫や苦痛を感じるひともいます。一方で、祭りがもたらす結束感のなかに魂の通い合いを感じ、生きる意味を見いだすひともいます。

比嘉　「負の感情」に由来する人間関係なら、苦しみから解放されれば、消えていくものもある。逆に、根っこに根差したものがしっかりあれば、別の形で再生していくということでしょうね。

聖なる場所のふかい素朴さ

鎌田　さて、今回比嘉さんと対談することになったきっかけは、沖縄糸満の聖地・白銀堂《はくぎんどう》と、そこに伝わる格言「意地ぬ出《んじ》らあ手《てぃー》引き、手ぬ出らあ意地引き」についての物語を、比嘉さんが教えてくれ、それが沖縄の民俗社会におけるケアのあり方にふかく関わっていると感じたからです。

比嘉　わたしの母方（旧姓・上里）は沖縄百名の出身です。母の先祖に、首里王府に仕える上里マサンラー（真三郎）というひとがいました。マサンラーは糸満に移り住み、そこの草分け（根人）になりました。その息子が糸満マンクー（馬子）です。

一七四〇年頃、首里の黒糖商人が、さとうきび栽培のために、薩摩の武士・児玉左衛門から二千貫文を借りました。ところがその年は不作で借金を返せず、首里の人は糸満まで逃げ、岩の下に隠れました。追ってきた児玉左衛門がかれを見つけ出し、切り殺そうとしたそのとき、通りがかったマンクーが「意地ぬ出らあ手引き、手ぬ出らあ意地引き」と呼びかけたのです。それが「カッとなったら手を引きなさい、手が出そうになったら意地を引きなさい」という意味だと知って、児玉左衛門はあと一年返済を待とうといって家に帰りました。

家に帰ると、妻と男が同じ布団で寝ています。カッとなった児玉左衛門はまたも刀で二人を切ろうとしますが、先ほどのマンクーの言葉を思い出し、怒りをしずめることができました。そしてよく見てみると、なんと男に扮装して身を守っていた自分の妻と、母だったのです。格言が、尊属殺人の悲劇を防いでくれたんです。

翌年、借金を返済された児玉左衛門は、自分が人殺しをせずに済んだのはマンクーのおかげだからと、そのお金を彼に渡そうとしたのですが、マンクーは「わたしでなく、この白銀岩《イビンメー》の霊験のおかげだから、岩の下に金をうめてお祀りしましょう」と言った。こうしてお金をうめた場所がいまの白銀堂となり、参拝の地として糸満ハーレーの終着点になり、地域の初詣もここで行うようになりました。


鎌田　お話を聞いてから、比嘉さんと一緒に白銀堂にお参りしましたね。白銀堂の背後の岩場は、非常に神秘的で、セーファー御嶽《うたき》に勝るとも劣らない、ふかい聖域でした。

この話のポイントは二つあると思います。一つは、じぶんのなかで負の感情が爆発しそうなとき、からだとこころをどうやってしずめ、おさめるかを、とても印象的な格言として伝えていること。

もう一つは、じぶんが助けられたのはこの岩場のおかげだと考え、聖

白銀堂の背後には大きな岩場がしずかに控える。

なる場所のちからと格言を結びつけていることです。自然がもつ大きなちからと、人間が生きているなかで生まれてくる負の感情のしずめ方が、ふかく、素朴に、結びついています。

比嘉　あそこに行くと、自然と頭《こうべ》が垂れてきます。自然の偉大さと、人間の小ささを感じられ、畏怖畏敬の念に打たれます。そうした「場所」がもつ大きなちからが、こころを自然にしずめてくれるんでしょうね。

鎌田　格言が残っているだけでなく、場所そのものがメッセージをもっていて、祭礼の重要な場所としていまも活かされ、地域のひとびとにとって大切な共同体ケアの根っこになっている。すばらしいですね。

いきをすること

鎌田　負の感情とそこからのケアという意味で、沖縄の格言をほかにも紹介してもらえますか？

比嘉　沖縄では、格言を「黄金言葉《くがにくとぅば》」とよんでいます。沖縄戦のあと、沖縄のひとびとがこころを立て直していくなかで、「ぬちどぅたから」（命こそ宝）という黄金言葉は重要だったと思います。明治政府が琉球王国の尚泰《しょうたい》王を追放し、臣下がつぎつぎ命を絶つ状況下で「戦いが終わり平和になるのだ。国民よどうか堪え忍んでくれ。命こそ宝だ」（戦さ世んしまち弥勒世《みるくゆ》やがて嘆くなよ臣下命どぅ宝）と王が詠った琉歌です。第二次世界大戦後は、この言葉が反戦運動のスローガンにもなっていきました。

鎌田　いまの世界の趨勢をみると、アメリカファースト・東京ファーストといった格付けや差別化が行われ、さまざまなストレス・抑圧・格差が生み出されています。こうした社会で生きづらさを感じ、みずから命を絶つひとも多い。大重さんは「命こそ宝」の精神を基本的な立場として生きていたと思うし、それが生きとし生きるものの共通の基盤でなければならないと、わたしも思います。命よりお金や仕事が大事だとなってくると、根本のところがねじまがり、命がどんどん疲弊し、環境がどんどん悪くなっていってしまいます。『千と千尋の神隠し』のくされ神のように、どろどろと汚染されていく。あのように腐ってしまうような負の状況が、あちこちで起きています。それをクリーニングするためには、薬湯で「いのち」を蘇らせるようなワザが必要で、「命こそ宝」というのはその原点を確認する言葉ですよ。

比嘉　「ぬちどぅたから」は今でも事故や病気や疲れへのいたわりの言葉として使われます。

鎌田　沖縄は東京よりはるかに命の島です。命の息吹が満ち満ちていると思います。だけど、国家的な圧力や基地の問題などで、「命こそ宝」という原理が破壊されている状況もあります。

比嘉　ケアということを考えれば、命が宝という原点から始めるしかない。それを否定すると、あらゆるものがエゴになり、他者を傷つけていくことになります。

鎌田　命が宝の原理がねじまげられ、じぶんの命を守るためにじぶんの利益を守るというすり替えが、あちこちで起きています。その状況が結果的に命を弱めてしまっているように見えます。

比嘉　最近、与那国でダイビングをしました。そこでダイビングで何より大事なことは呼吸をすることだと教えてもらい、しっかり呼吸をすることが、負の感情とつき合っていく方法なんだと思いました。沖縄の空手でも、「すべて呼吸だ」といいます。いまはコロナ禍で、みんなマスクをして息苦しく過ごしていますが、「呼吸をしている」という一番じぶんに近いことを意識し、その重要性を見直すチャンスになればいいですね。「息」は、自分の心と書きます。息を見直すことが「生き直し」になるんじゃないかと。

鎌田　あらゆること、生も死もが、呼吸にはじまり呼吸におわります。でも、じぶんの呼吸はいちばん身近なだけ、一番見えなくなってしまう。自分の心をもってしっかり息をすることで、「命こそ宝」という原点に、いつでも立ち返ることができるということは希望です。

自然に根差して生きる

比嘉　そして、もう一つ紹介したいのは、「なんくるないさ」（なんとかなるさ）です。

鎌田　もっともポピュラーな黄金言葉。

比嘉　沖縄のお土産屋さんのＴシャツやキーホルダーでお馴染みですし、ＮＨＫの朝ドラで全国的に知られる沖縄言葉になりました。でも、じつはこの言葉はその前に、「真《まくとぅ》そーけー」という言葉がついていたんです。「真そーけー（正しい行いをしていれば）、なんくるないさ」が本来の言葉だったんです！　でも、沖縄でもこの前句が欠けてしまっています。

鎌田　ただ自然になんとかなるんじゃなくて、まことをきちんと尽くし、まことを実践していれば、神さまがそれに見合った結果をもたらし、自然におさまっていく、という発想ですね。

人間の欲望だけじゃなくて、自然と天地に根差し、心を向け、自分のみちを歩んでいれば、天地自然の神々が導いてくれる、ということだと思います。

比嘉　そこまで含めてとらえたいですね。正しい道を歩んでいるかはじぶんにしか測れませんが、じぶんが納得できていれば、どんな結果でも受け入れられるし、なにかに執着し「負の感情」にとらわれることもない。百点満点じゃなくても、七十点でも納得できるんじゃないか。ぼくもそのように努めたいと思います。

鎌田　負の感情とのつき合い方とは、「真そーけー」という摂理に沿った生き方をしていれば、負の感情がおこって「なんくるない」時があっても、つねにもとに戻ることのできる自然の力やレジリエンスが、ちゃんとセットされている。それを人間が自分勝手にゆがめて私利私欲へと走ってしまうと、自然がほんらいもっている大きな恵みから逸れてしまう、ということではないでしょうか。

比嘉　まくとぅそうけーしていれば、自然のタイミングに合っていくんじゃないかと思います。

第5章

うたと日本的ケア――神道・和歌・俳諧

1 ― イザナミの「辱」とグリーフケア

神道の心直しを考えていくとき、まっさきにおもいうかぶのが、イザナミノミコト（伊邪那美命）の悲しみです。その悲しみがその子のスサノヲノミコト（須佐之男命）にうけつがれ、うた（短歌）の発生につづいていきます。『古事記』は、そのような悲しみの系譜をつたえるグリーフ（悲嘆）ケアや鎮魂の物語だとわたしは考えています。

おそらく、『古事記』（七一二年編纂）は、女性たちがかたりついでいったのだろうとおもわれる箇所がいろいろなところに散見します。そのひとつに、『古事記』における女あるいは母の嘆きと哀切のかたりがあります。

女あるいは母とは、イザナミ、コノハナノサクヤビメ（木花咲耶比売）、トヨタマビメ（豊玉毘売）です。そのなかで、とくにさいしょにかたられるイザナミの嘆きと哀切が、『古事記』をつらぬく通奏底音となってなりひびいています。いわば、『古事記』の「天籟《てんらい》」はイザナミから発しています。イザナミの嘆きが、そのあとのスサノヲやオホクニヌシ（大国主）の出雲の国譲りの嘆きをはじめ、さまざまな悲しみと痛みの根源になっているのです。けれども、もうひとつの神話と歴史の記録の書である『日本書紀』には、そういう悲しみの影も、グリーフケアの意図をもつ鎮魂譜のひびきはまったくありません。『古事記』のみが、「負の感情」とのつき合い方をテーマにしている古代の書です。そこでイザナミの悲しみは、ドラマティックでスペクタクルな陰影をもってえがかれているのです。

『古事記』冒頭のいわゆる国生み神話において、イザナミは、淡路島、伊予のフタナノシマ（四国）、ツクシノシマ（九州）、隠岐の島、壱岐の島、そしてアキツシマ（本州）と、四国・九州・本州などの主だった島々をうんでいきます。そしてそれらの島々を総称して「大八島」と名づけます。ですから、『古事記』では、日本のさいしょのなまえは、「大八島の国」ということになります。たくさんの島々によって構成されている「大八島の国」、これが古日本の名称なのです。そしてその島国は、くらげのようにただよっている島国でした。

イザナミはその大八島の国をうんだあと、さらに、石の神、風の神などの神々をうみ、最後に、ホノカグツチノカミ（火之迦具土神）、すなわち火の神をうみます。が、この火の神をうんだときに、ミホト（女陰）が焼かれてからだが衰弱し、ついに死んでしまうことになるのです。

これは、なまなましい痛みをともなう場面です。イザナミはホトを焼き、病みおとろえていくさいに、たぐりと糞と尿、つまり、ヘドとウンチとオシッコをもらしてしまいます。このときのイザナミのヘドがカネヤマヒコ（金山毘古）とカネヤマヒメ（金山比賣）という金属の夫婦神となり、ウンチがハニヤスヒコ（波邇夜須毘古）とハニヤスヒメ（波邇夜須比賣）という土の夫婦神となり、オシッコがミズハノメノカミ（弥都波能賣神）とワクムスヒノカミ（和久産巣日神）、つまり水の女神とわかわかしくわきあがってくるムスヒの神となるのです。こうして、イザナミはついに、黄泉《よみ》の国へ「神避《かむさ》る」ことになります。つまり、死んでしまうのです。

イザナミがみまかったときに、夫のイザナギノミコト（伊佐那岐命）はこういいます。「愛《うつく》しき、あがなに妹《も》のミコトを、子の一木《ひとつき》に易《か》へむ」と。つまり、「いとしいわが妻よ、どうしておまえを子どもの一人（火の神カグツチ）とひきかえになどできるだろうか」と嘆き悲しみ怒ります。ですから、負の感情の発生は、イザナミの死、その喪失感情とともにはじまるということになります。

いのちというものはふしぎです。生と死をうらはらにもっているのですから。うまれてくるものはみな、死んでいくのですから。この生死のリサイクルが地球といういのちの星をうごかしているわけです。

さて、最後の子の火の神カグツチが誕生するのと身代わりのように妻イザナミが死んでしまったことを大いに嘆き、よこたわる妻の枕のほうに腹ばいになってちかづいて、夫のイザナギが大声をあげて泣いたとき、「成り出で」た神がナキサワメノカミ（泣沢女神）という嘆きの女神です。そのときのようすを『古事記』は、「御枕方《みまくらえ》に匍匐《はらば》ひ、御足方《みあとえ》に匍匐ひて哭《な》きし時、御涙《みなみだ》に成れる神は、香山《かぐやま》の畝尾《うねお》の木《こ》の本《もと》にまして、泣沢女神と名づく」としるします。

こうして、イザナギは、妻をうしなって慟哭《どうこく》し、その嘆きの涙のなかから嘆きの女神であり、葬儀のさいに泣き女と同じ役割をはたすナキサワメがうまれてきたのです。

問題はそのあとです。イザナギは、哀しみと怒りのあまり、腰につけた十握剣《とつかのつるぎ》を抜いて、うまれたばかりの火の神カグツチの「頸《くび》」を断ってしまったのです。イザナミが出産の最後の最後に、じぶんのいのちとひきかえに「生んだ神」である火の神の首を切り、殺してしまったのです。神話はときに残虐な話をつたえていますが、これもそのひとつでしょう。しかし、そこが神話。七転び八起きではありませんが、いのちの連鎖は神秘不可思議なリレーというか変容をうみだします。

このとき、ほとばしりでて刀のさきについた血から「成り出た」のが、イワサクノカミ（石拆神）、ネサクノカミ（根拆神）、イワツツノヲノカミ（石筒之男神）、ミカハヤヒノカミ（甕速日神）、ヒハヤヒノカミ（樋速日神）、タケミカヅチノヲノカミ（建御雷之男神。またの名タケフツノカミ、トヨフツノカミ）、クラオカミノカミ（闇龗神）、クラミツハノカミ（闇御津羽神）の八神です。ちなみに、このクラオカミノカミは、大和国の古社の丹《に》生《う》川上《かわかみ》神社や山城国の古社の貴船神社の祭神としてまつられています。

さらにまた、殺されたカグツチの頭からマサカヤマツミノカミ（正鹿山津見神）、胸からオドヤマツミノカミ（淤縢山津見神）、腹からオクヤマツミノカミ（奥山津見神）、陰《ほと》からクラヤマツミノカミ（闇山津見神）、左手からシギヤマツミノカミ（志芸山津見神）、右手からハヤマツミノカミ（羽山津見神）、左足からハラヤマツミノカミ（原山津見神）、右足からトヤマツミノカミ（戸山津見神）の八神が成り出でます。このようにして、血から八神、殺されたカグツチの体から八神、合せて十六神が成り出でます。

『古事記』がものがたるイザナミの出産した神々は、ヒルコからカグツチまでです。そのヒルコは、「水蛭子」と表記され、カグツチは、「火之迦具土神」と表記されています。つまり、「水」からはじまって、「火」で終わっているということになります。この神々の出産の順序にも、『古事記』のコスモロジーがかいま見えます。これは、じしんを犠牲にしながらも、つぎなるいのちをうみだす「むすひ」のちからの具体的な発現です。これが『古事記』が奏でるいのちの循環話法です。いのちは、消滅ではなく、変容しながら、つぎなるいのちへ、つぎなる神々の世界につながっていくのです。

　イザナミは黄泉の国へいき、黄泉の国のたべものをたべてしまったために、あちらがわの、死者の国の存在になってしまいます。しかし、イザナミを追いかけて行ったイザナギは、あきらめきれず、「じぶんたちはすべての国生みを終えてはいない。もう一度おまえといっしょに国生みを完成させたい」とせつせつとうったえます。それにたいして、「わたしは、すでに黄泉の国のたべものをたべて、この国のものとなりました。ですが、それほどまでにあなたがおっしゃるのなら、黄泉の神さまと相談してみますので、おまちください。でも、その相談をしているあいだ、けっしてわたしをさがそうとはしないでください。」と念をおします。

　これが世界じゅうにある、いわゆる「見るな」のタブー神話です。しかし、イザナギは、その約束をやぶり、イザナミをさがしだして、そのすがたを見てしまいます。すると、その体の八ヶ所に、「大雷《おおいかづち》・火雷《ほのいかづち》・黒雷《くろいかづち》・拆雷《さきいかづち》・若雷《わかいかづち》・土雷《つちいかづち》・鳴雷《なりいかづち》・伏雷《ふしいかづち》」の八神があらわれ、妻イザナミの死体のうえで、おどろおどろしく鳴りひびきながらうごめき、そこには、いたるところにウジがたかっているというありさまでした。そこで、イザナギは、おぞましく、穢《けが》れた、恐ろしいものを見てしまったというおそれのおもいをもって、逃げていきます。

　このとき、イザナミは、イザナギにたいして、はげしい憤りと恨みの感情をいだくのです。「吾れに辱《はじ》見せつ」（わたしのいちばん恥ずかしいすがたをあなたは見て、逃げかえっていった）と。イザナミの恨みと悲しみと怒りのないまざった感情は、「辱《はじ》」という一語に集約されます。

　アメリカの文化人類学者のルース・ベネディクト（一八八七〜一九四八）は、『菊と刀』のなかで、日本文化の型を、西洋の「罪の文化」と対置して「恥の文化」と規定しました。『古事記』までさかのぼっていえば、ベネディクトの主張は一定の説得力をもっているといえます。なぜなら、このイザナミの「辱」の自覚が、そのあとの奇想天外な展開をつぎつぎとうみだしていく原動力ともなっているからです。もし、ここに「辱」ではなく、「愛」の完成成就と和合があったならば、『古事記』はまったくちがう世界とコスモロジーを表現することになったでしょう。そしてそのとき、『古事記』は鎮魂譜やグリーフケアの書ではなく、インド最古の古典である『リグ・ヴェーダ』のような、神聖なる神々の讃歌集になったことでしょう。

　しかし、じっさいは、「辱」から、鎮魂やグリーフケアの必要がうまれてくることになったのですから、そしてその必要が『古事記』をうみだしたのですから、その意味では、この「辱」というイザナミの「負の感情」の生起は、日本文化にとって決定的に重要な意味をもっているといえます。イザナミの「辱」は負の感情として消えることなく、累積したまま、「恥の文化」にまでつながっているといえるのですから。

　こうして、イザナミは「辱」をうけて、怒りにかられて夫を追いかけていき、ヨモツヒラサカというあの世とこの世との境、巨岩をあいだにおいて、絶縁の「コトドワタシ」のことばをいいわたしあうのです。

「いとおしいわが夫のあなたさま。なぜあなたは黄泉の国に早く来てくれなかったのでしょう。あなたはわたしの見てほしくないいちばん恥ずかしいすがたを見てしまいました。それによって、わたしは生涯忘れることができないくらい苦しく辛いおもいをもってしまいました。なので、この恨みのため、わたしは、あなたの国のひとびとを、一日千人ずつ殺します。」

　このように、イザナミははげしい恨みとのろいをこめたことばを発します。それは、いのちをうみだした神の真反対の部分、死の誘発者による死の宣告にほかなりません。イザナミは、ここにおいて、生や出産的創造をもたらす神から、死と破壊をもたらす負の神に変貌したのです。

2－負の感情から化成した神々

　それにたいして、イザナギはこうこたえます。「いとおしいわが妻のおまえがそうするなら、わたしは一日に千五百の産屋《うぶや》を建ててみせよう」と。

もともとは、「あなにやし、えおとめを！（なんてすばらしい姫よ）」「あなにやし、えおとこを！（なんてすばらしい殿方よ）」と、愛のエールを交換し、おたがいに最大にたたえあって、「みとのまぐはひ」（性的まじわり）をして、ともに国生みをしたイザナギとイザナミです。けれども、火の神カグツチがうまれたあと、その愛しあっていた二柱の神々の「愛の家」は「火宅《かたく》」へと変貌してしまったのです。「むすひ」と「修理固成（おさめつくりかためなせ）」のちからで、順風満帆、神々のいのちがどんどん生成発展し、ふくらんでいく展開だった『古事記』は、ここから急速に「負」と陰の底へと急展開していくのです。そして、怒りと悲しみにみちみちたはげしいのろいのことばをなげかけあうことになり、わが国さいしょの泥沼の離婚劇がくりひろげられることになったのです。

ではありますが、陰あれば陽あり、苦あれば楽あり、ではありませんが、おもいがけない、どんでんがえしの展開がみちびかれます。イザナギは、この黄泉国訪問を、おぞましさを、「穢《けが》れ」や「汚《きたな》さ」とうけとりました。そして、このけがれやきたなさをはらうために、筑紫《つくし》の日向《ひむか》の橘《たちばな》の小門《おど》の阿波岐原《あわぎはら》に行って「禊《みそぎ》」をすることになります。

そこでは、杖をなげすてたときにも、帯をといて衣服をぬいだときにも、そこからつぎつぎと十二柱の神々が成り出てくるのです。そしてその最後に、上の瀬は流れがはやく、下の瀬は流れがおそくてよわいので、ほどよい川の中つ瀬にはいって、もぐって身をすすいだときに、「穢繁《けがらわしき》国《くに》」（黄泉国のこと）の「汚垢《けがれ》」からヤソマガツヒノカミ（八十禍津日神）、つづいて、オホマガツヒノカミ（大禍津日神）の二神が成り出で、つぎに、その「禍《まが》」（災い）を直すちからと働きをもつカムナホビノカミ（神直毘神）とオホナホビノカミ（大直毘神）とイヅノメノカミ（伊豆能賣神）が成り出てきます。

　これらの神々の化成《かせい》は、まさに神の「むすひ」のちからそのものの生成であり、展開です。神の七転び八起きのさまを表現しているかのようで、たいへんダイナミックです。

　そしてさらに、水底にもぐって身をすすいだときに、ソコツワタツミノカミ（底津綿津見神）とソコツツノヲミコト（底筒之男命）、水のなかですすいだときに、ナカツワタツミノカミ（中津綿津見神）とナカツツノヲノミコト（中筒之男命）、水のうえですすいだときに、ウエツワタツミノカミ（上綿津見神）とウワツツノヲノミコト（上筒之男命）が成り出でます。三柱の「ワタツミ」（海神）は阿曇《あずみ》氏の「祖神《おやがみ》」、三柱の「ツツノヲ」は「墨江《すみのえ》（住吉）の三前《みまえ》の大神」とされます。

　つづいて、国生み、神生み、ミソギの最後に、いっそうおもいがけないおどろくべき場面が展開するのです。イザナギが左目をあらうとアマテラスオホミカミ（天照大御神）、右目をあらうとツクヨミノミコト（月読命）、鼻をあらうとタケハヤスサノヲノミコト（建速須佐之男命）が成り出るのです。つまり、左目から日神、右目から月神、鼻から海神が化成してくるのでした。

　こうして、イザナギは、国生みと神生みとミソギの最後の最後で、「吾は子を生み生みて、生みの終《はて》に三貴子《みはしらのうずのみこ》を得つ」と、とうとい三神の子の神を得たと喜び、姉のアマテラスには高天原《たかまがはら》を、上の弟のツクヨミには夜の食国《おすくに》を、下の弟のスサノヲに海原《うなばら》を治めよと命じました。これにより、三層世界を三分統治させて、世界統治の三権限を子どもの神々にゆだねたのでした。

3 － 物語をうみだす負の感情

けれども、陽あれば陰あり、光あれば影あり、です。ふたたび問題となったのがイザナミの嘆きと悲しみでした。黄泉の国へみまかり、「辱《はじ》」をうけたイザナミの恨み、悲しみ、怒りの負の感情は、スサノヲに、しかとうけつがれたのでした。

アマテラスもツクヨミも、父イザナギに命じられたとおり、高天原と夜の食国をよく治めました。けれども、スサノヲだけはまったくそれができず、ただひたすら「おかあさん、おかあさ～ん」と、母をもとめて泣いているばかりなのです。しかも、あごひげが胸先にたれ落ちるほど大きくなっても大泣きしているのです。その暴風のような「啼き」声のために、海の水がぜんぶ干上がり、山の木も枯れてしまうほどでした。

そこで、たまらず、父のイザナギが、「どうしておまえはいいつけも守らず、いつまでも泣きさけんでばかりいるのか」とたずねました。スサノヲは、「わたしは、ただ母が恋しくて泣いているのです。わたしはは母のいる『妣《はは》の国根《くにね》の堅州国《かたすくに》』に行きたくて泣いているのです」とこたえます。すると、イザナギは、「そんなに母が恋しいなら、この国に住んでいる資格はない。いますぐ母の国へ行ってしまえ！」と、スサノヲを追放（神逐《かみや》らひ）してしまったのです。

考えてみれば、イザナギの左目と右目と鼻をあらって化成した三柱の神は、イザナギの子どもの神々とはいえますが、イザナミからうまれたわけではないので、イザナミを母として恋いしたうのは、筋ちがいのようにおもえます。それなのに、なぜ最後の最後に鼻から成り出でたスサノヲが、これほどつよくイザナミを母と恋しくおもって、悲しみ、泣いているのでしょうか。

『古事記ワンダーランド』（角川選書、二〇一二年）でくわしくのべたので、ここではこれ以上ふれませんが、『古事記』の物語は、このイザナミとスサノヲの悲しみが原動力になって、つぎつぎとできごとと物語をうみだしていくのですから、この非合理的に見えるほど母をつよく思慕していることが、負の物語世界の構造をつくっていて、それが『古事記』における祭りやうたの発生という一大事につながり、鎮魂譜とグリーフケアの完成につながっていくことには、はかりしれないほどの意味と象徴性があるとおもいます。

イザナミは、『古事記』では、出雲国と伯耆《ほうき》国との境の比婆山《ひばやま》にほうむられ、海原の統治神であるスサノヲの母恋を媒介にして、つよく出雲世界とつながっていきます。そして、このイザナミの系譜は、出雲や熊野という日本海や太平洋、つまり「海原」や「妣の国」へと連綿とつながっていき、国譲りや神武天皇の東征《とうせい》と大和朝廷の確立の伏線ともなっていきます。高天原という天上世界や大和という中心軸は、出雲や熊野という黄泉の国や常世《とこよ》の国と通じる対称軸なくしては確立しえないのですが、ここに『古事記』のコスモロジーの世界観的枠組みがあります。その始点にイザナミが、そしてその基点にスサノヲが位置しているのです。

こうして、見たことのない不在の母イザナミにたいするスサノヲの負の感情の爆発は理不尽なまでに激烈で、その負の感情の系譜が出雲・熊野的世界をひらいていく原動力となります。アマテラスや日向や伊勢などの陽の世界の対抗軸としての陰の世界、影の世界、負の世界をそこふかくひらいていくためにも、スサノヲはとんでもないほどにあばれまくり、破壊のはてに、つぎなる世界の幕開けを実現することになるのです。そして、そのさきに、うたがうまれるのです。

神話のメッセージというものは、じつに深遠です。

４―祭りという生存戦略

宗教という現象を、「聖なるものとの関係にもとづくトランス（超越）技術の知恵と体系」とひとまず定義してみますと、宗教がさまざまなかたちでの「トランス（超越）」のうごきや働きをとおして、こころやたましいのふかみにおりたって、生と死をささえる根源的なちからをひきだす身心変容技法をもっていることが見えてきます。

そうした身心変容技法は、当然のように、自己の内部にわだかまってくる負の感情を浄化したり、昇華したり、開放したり、再意味づけ化したりして、さらなる生存のふかみを掘りおこしつつ、進んでいきます。

そこには、大きく分けると、物語（ナラティブ・神話伝承）や儀礼パフォーマンスと、内観（自己を見つめる、インサイト、瞑想、観想）のふたつの道がひらけています。その道は、わが国では、前者をおもに神道がにない、後者を仏教がにないました。そして、前者では、シャーマニズムのトランス的な神懸《かみがか》りや祭りやうたが、後者では、瞑想的で自己放下《じこほうげ》的な止観《しかん》や禅がふかめられました。

神道における身心変容のワザとして、禊祓《みそぎはらえ》と祭りをあげることができます。このミソギは、イザナミの死に端を発しています。それにたいして、祭りの発生は、スサノヲの乱暴が原因です。イザナミの負の感情をまっすぐにうけついだスサノヲは、イザナミのお腹を痛めた子神でないにもかかわらず、そのたましいに、無意識のうちにイザナミの悲しみをうけつぎますが、そのことがわかってもらえず、父のイザナギにも、姉のアマテラスにも追放されるはめになります。父には理解されず、姉には疑われ、怖れられた。そのやり場のない痛みと悲しみ。そして不在の母への思慕。その負の感情はいつしか爆発します。

スサノヲは、姉の治める高天原のたんぼのあぜ道をこわし、溝をうめ、農耕の邪魔をし、神聖な稲穂をたてまってお祭りをする大嘗殿《だいじょうでん》の神殿のうえに大便をしてけがし、ついには、天の神々にささげる神聖な衣をおる機織り女たちのいる部屋に、皮をはいで血だらけにした馬を投げいれて機織り女をおどろかせ、機織りの杼《ひ》（シャトル）で陰《ほと》をついて死なせてしまいます。これを見て、おそれ、怒り、悲しんだ姉のアマテラスは、ついに天《あめ》の岩屋戸《いわやと》の洞窟にかくれてしまうのです。すると、日の神がいなくなったので、世界は真っ暗闇となり、最大の生存危機がおとずれます。

日の神がいなくなると、ここぞとばかりに、世界にあらゆる災いがつぎつぎにおこってきて、パニック状態におちいります。なにもうまれることのない、非生産的な世界。それは、「むすひ」のちからと働きも死にたえて生命力の枯渇した死の世界、「常闇《とこやみ》」の世界です。そこには、未来も希望もなく、いのちのあらわれもてりかがやきもありません。これでは、世界はいのちの根源をなす高天原から崩壊していくことになります。

それでは、この崩壊をくいとめるためにはどのような方法があるというのでしょうか。打開策をさがすために、神々があつまって相談します。この暗黒世界から抜けだすためにどうすればいいかを八百万の神々でともに討議します。

アメノオモヒカネノカミ（天思金神）という知恵の神が音頭をとって討議をかさね、祭りをしようという結論をだしたのです。この暗黒世界から脱出するには祭りしか道がない、これが日本神道の結論であり、生存の持続可能性をはかる処方箋です。

こうして、相談がまとまったので、神々はそれぞれに役割分担して、けんめいにたち働きました。たとえば、イシコリドメノミコト（伊斯許理度賣命）はものづくりの神として、祭りに欠かせない「八咫《やた》の鏡」をつくります。タマノヤノミコト（玉祖命）は「八尺《やさか》の勾玉《まがたま》」をつくり、天香山《あめのかぐやま》からとってきた大榊《おおさかき》に紙垂《しで》をとりつけ、鏡と玉をかざって依代《よりしろ》として、天の岩屋戸の洞窟のまえにおきました。

そこで、中臣・藤原氏の祖先神のアメノコヤネノミコト（天兒屋命）が朗朗と「太詔戸《ふとのりと》」をとなえ、忌部《いんべ》氏の祖先神のアメノフトダマノミコト（天布刀玉命）が玉をささげもち、猿女《さるめ》氏の祖先神のアメノウズメノミコト（天宇受賣命）が手に小竹葉《ささば》をもち、舞台となる「槽伏《うけふ》せ」をふみとどろかして、大地をゆすらんばかりの熱狂的な踊りをおどり、「神懸り」となります。そして、アメノウズメはこの神懸りのトランス状態のなかで、エクスタティックな意識となり、「胸乳《むなぢ》」をあらわにし、「陰《ほと》」をあらわにしました。そのときのようすを、つぎのように『古事記』はものがたります。

天宇受賣命、天香山の天日影《あめのひかげ》を手次《たすき》に繋《か》けて、天真拆《あめのまさき》を鬘《かずら》として、天香山の小竹葉を手草《たぐさ》に結《ゆ》ひて、天岩屋戸《あめのいわやど》に槽伏《うけふ》せて踏み轟《とどろ》こし、神懸りして、胸乳をかき出で裳緒《もひも》を陰《ほと》に押し垂れき。
ここに高天原動《とよ》みて、八百万神《やおよろずのかみ》共に咲《わら》ひき。

こうして、神々のいっせいに花が咲いたような「笑い」によって、高天原が振動し、アマテラスがすがたをあらわし、天の岩屋戸がひらくことになります。このとき、八百万の神々のあかるいはじけんばかりの大笑いが、アマテラスの再出現のひきがねとなります。

そのときの笑いを『古事記』は「咲」と表記しています。「笑い」とは、花が咲くようなできごとだったのです。それこそ、いのちの「春＝張る＝膨る」をもたらすむすひのちからの発現だったといえるでしょう。

八百万の神々のにぎにぎしくたのしげな笑い声が、天の岩屋戸の洞窟にかくれていたアマテラスにとどいたとき、とじこもっていたアマテラスが、「わたしがいなくてみんなこまっているはずなのに、どうしてこんなにたのしそうに『楽《あそび》』をして、みんなで笑っているのかしら？」と、不審におもって、岩戸をすこしあけて外を見ます。そのときすかさず、鏡がさしだされ、アマテラスの光が反射されます。そのとき、天の岩屋戸のまえにひかえていたアメノタヂカラヲノカミ（天手力男神）がおもいっきり岩の扉をひきはなちます。そうしてここに、ふたたび天の岩屋戸がひらかれ、アマテラスが再出現することになったのです。

たちまち、高天原と世界は光とかがやきにつつまれ、いのちのはじけのなかで、「高天原も葦《あし》原中国《はらのなかつくに》（日本列島）も、自《おのずか》ら照り明りき」という光ある状態にもどり、最大の生存の危機を脱したのです。これが、祭りのはじまりをつげる『古事記』のコスモロジカルな物語です。

このような『古事記』のストーリーテリングは、じつにドラマティックで、おもしろく、また意味ぶかいものです。このいのちのよみがえりをものがたる神話伝承が「負の感情」とのつき合い方として、どのような意味と意義があるか、わたしたちはふかくたちかえって考える必要があるとおもいます。とりわけ、東日本大震災後の放射能に汚染された世界や新型コロナウイルスのパンデミックのなかで苦しんでいる大八島の国のわたしたちは、この生存危機からの脱却のお手本をさらにふかく、うまく、臨機応変に活用していくべきではないでしょうか。いますぐに、いのちのよみがえりやむすひのちからのちからづよい再発動をわたしたちはひきおこさなければならないのですから。『古事記』はしっかりとその方法を教えてくれています。

ここでは、「世直し」や「心直し」の方法として、「祭り」が提案されています。

5 — うたによる負の感情処理

しかしながら、です。光があれば影があります。たしかに、この「祭り」によってアマテラスは復活しましたが、そのあと、この世界を危機におとしいれた張本人のスサノヲは追放されます。罪穢《つみけが》れを祓《はら》うために、「千位《ちくら》の置戸《おきど》」を科せられ、髭を切られ、手足の爪を抜かれて追放されます。父イザナギに追われ、姉アマテラスにも追われるという、二度の追放をうけるのです。

こうして、追放されたスサノヲは、漂泊放浪する神となります。その放浪と遍歴のはてに、出雲におりたったのです。出雲国の肥《ひ》の河上《かわかみ》の「鳥髪《とりかみ》」の地にいたったとき、川の上流から箸がながれてきました。それを見て、だれかがいるとおもい、上流にのぼっていくと、そこにさめざめと泣いているひとりのうつくしい乙女クシナダヒメ（櫛名田比売）とその両親の老夫《おきな》アシナヅチ（足名椎）と老女《おみな》テナヅチ（手名椎）がいたのです。

なぜ泣いているのかをきくと、老人はつぎのようにこたえます。じぶんたちは出雲に住む国つ神であるが、毎年、八俣大蛇《やまたのおろち》という、頭が八つ、尾が八つある、目は赤ほうずきのように真っ赤で、背や腹に苔と檜《ひのき》と杉が生えた大きな大きな怪物のような大蛇がやってきて、たいせつな八人の娘のうち、七人までたべてしまい、いまにも最後の娘のクシナダヒメが犠牲になろうとしているので、どうすることもできず、泣いてばかりいるのだ、と。

それをきいたスサノヲは、じぶんが八俣大蛇を退治してやるといい、策をこらして八俣大蛇の到来をまちうけ、退治します。

スサノヲは、八俣大蛇が酒を飲んでよっぱらったところを、十《と》握剣《つかのつるぎ》できりはらい、八俣大蛇を殺し、その尾からふしぎな剣を発見します。それがのちに天皇位のしるしとなる三種の神器のひとつの「草薙剣《くさなぎのつるぎ》」です。

スサノヲは父と姉から二度にわたって追放されたどうしようもない「あらみたま」をもつ暴れん坊ではありましたが、しかし、高天原から出雲におりたってからは、追放された荒くれ神が、ほかの国つ神々を救済する英雄神に大転換しているのです。これまで、泣き叫んでばかりいたり、まわりがいやがることばかりをしていた荒くれ神とはおもえないくらい、りりしく、かつ迅速的確な判断と行動で、とてつもなく巨大な八頭八尾の怪物の八俣大蛇を退治したのです。そのあざやかなコントラスト。

まさしく、スサノヲは日本の「反対の一致」の神なのです。西田幾多郎《にしだきたろう》のいう、「絶対矛盾的自己同一」の神なのです。その「反対の一致」である「絶対矛盾的自己同一」の荒くれ神スサノヲが、要領よくテキパキと八つの甕《かめ》をおき、そこになみなみと酒をそそぎ、八俣大蛇にくいころされる運命にあったクシナダヒメを絶体絶命の窮地からすくいだし、救出したクシナダヒメと結婚するために愛の住み家の御殿をつくるべく出雲の須賀《すが》の地にいたって、「我が御心すがすがし」といって、わが国でさいしょのうたをうたったのです。それも、うるわしい短歌形式をもって。

八雲立《やくもた》つ　出雲　八重垣《やえがき》　妻籠《つまご》みに
八重垣作る　その八重垣を

このみじかい三十一音のなかに、「八重垣《やえがき》」ということばが三回もくりかえされています。「八雲立つ」の「ヤ」をくわえると、「ヤ・ヤ・ヤ・ヤ」と、ヤ音が四回もくりかえされます。こうして、「ヤ」音や「ヤヘガキ」音のくりかえしを多用することで、はじけるようなちからづよい喜びと儀礼的な慶祝のおもいをリズミックに表現しています。これほどたのしそうなはじける、ノーテンキなうたは、そうそうありません。

考えれば考えるほど、このうたの世界はふかく、それを百十二ある『古事記』のうたの第一番においたこころと意味を考えさせられるのです。これを伝承してきたのは、まちがいなく、女性たちでしょう。そのこころとおもいはふかく、悲しみのなかから立ちあがってくる喜びと讃歌であり、讃美歌です。

そのあたりを、わたしは『超訳 古事記』（ミシマ社、二〇〇九年）で、つぎのように口語訳してみました。

須佐之男命は
「ああ　なんて　わが心は　すがすがしいのだ
こんな　すがすがしく　気持ちのよい心持ちは　初めてだ」
と言って
わが国で最初の歌を　うたったのである

八雲立つ　出雲八重垣　妻籠みに　八重垣作る　その八重垣を

「たくさんの雲が立ち昇ってくるこの出雲の地でわたしはたいへん美しい姫を得た。その喜びのなかで、八重垣をもって姫を大切に籠もらせる愛の住まいを打ちたて、常永久《とことわ》にここで愛するおまえとともに過ごしていこう」

須佐之男は
その想いを歌にし　心の昂ぶりを鎮めた
これをもって　わが国は　歌ぶりの栄える　詩の国　歌の国となったのである

幼き頃より

母を偲び
母を恋い慕い
海山を　枯れ干すまでに　泣き叫び
高天原で　乱暴狼藉のかぎりをつくして
さまざまなる災いをもたらした
悪逆非道の神が
災いをなす　恐ろしい怪物を退治して
新しい世界を切りひらき
愛の言霊をかなでて
世界に　うるわしい調べを　もたらし
神々と人々を　しあわせにするわざ　を伝えたのである

母を恋い慕って泣きさけんでいた荒ぶる声は、喜びにみちたちからづよい声となってほとばしります。破壊的な声が、調和にみちた愛の言霊《ことだま》に転化したのです。「穢れ」のなかにいたスサノヲは、この大蛇退治と詠歌という「浄め」をへて、その「むすひ」と「修理固成《おさめつくりかためなせ》」を完成させたのです。

こうして、手のつけられない粗暴な子どもであったスサノヲに、手のつけようのない凶暴な八俣大蛇を退治することによって、ちからとこころを制御するワザをもたらすことになりました。すなわち、剣と和歌のワザを身につけ、イニシエーションを達成し、最高の英雄神となったのです。これによって、八俣大蛇の破壊力にも比せられる母イザナギの怒りと悲しみを制御し、鎮撫《ちんぶ》することができたのです。

とすれば、この怪物退治の物語は、忌避され追放された者＝スサノヲが、忌避されおそれられた霊物《モノ》＝八俣大蛇をたおすことによって、おのれの負の感情と凶暴きわまる暴力性をおさえ、おさめることに成功したイニシエーションストーリーとして読みとくことができます。ここにおいて、スサノヲという英雄神は、八俣大蛇という怪物神と表裏一体の存在で、その構造的同一性をもつことによって、スサノヲ＝八俣大蛇という「反対の一致」にして「絶対矛盾的自己同一」となるのです。ここには、二度も追放された、もっともふかいけがれと罪のなかにある神が、もっともちからづよい浄めをおこなうことができる「反対の一致」の逆説があります。

神話というものは、ほんとうにおもしろく、かつ意味ふかく、深遠です。そして、ここに、日本人の負の感情処理の原型的パターンが示されていると、わたしは考えています。

それは、うたをうたうという方法であり、道でした。「心直し」は「うた（による）直し」とともにある、という提案です。

6 ― 正負の感情をうけとめるうた

日本のうたの伝統は、まずは、奈良時代に編纂された『古事記』、『日本書紀』（七二〇年編纂）の記紀《きき》歌謡や、『万葉集』（七八〇年ごろまでに編纂）にまとめられました。

しかし、その後、漢詩の流行といきおいがつよく、和歌は漢詩をしのぐほどではありませんでした。けれども、漢詩という形式が、ほんとうに日本人のこころによりそったものかというと、それは疑問です。

やはり、「五七五七七」の音数律にせよ、五七調や七五調にしても、わたしたちのこころのおもいやわだかまりに、ある定式をあたえる形式的ちからをもっています。いかにすばらしい五言絶《ごごんぜつ》句《く》や七言律詩《りっし》をよんでも、理性的にその世界やあじわいを感受し、想像することはできても、身心の波動そのものとしてそのしらべを感受しきることはできません。負の感情も正の感情も、ともに、和歌のリズムやのちの俳句の音数のリズムのなかにこめられるときに、ひとつのおさまりを感じることができるのです。

それは、辞世の句によくあらわれてきます。たとえば、幕末の勤王の志士たちに決定的な影響をあたえた思想家・吉田松陰《よしだしょういん》（一八三〇〜五九）は、弟子あてと両親あてのふたつの辞世の句をのこしています。弟子あてのものは、つぎのうたです。

身はたとひ　武蔵の野辺に　朽ちぬとも
留め置かまし　大和魂

松陰の覚悟と、弟子たちに向けたメッセージが、いたいほどにつたわってきますね。十五年ほどまえ、わたしは山口県の萩をたずね、松下村塾の見学と松陰の墓まいりをしたことがあります。このような田舎町の、二十代の若者が、あたらしい時代の世直しや心直しをもとめている日本全国の若者や変革をねがうひとびとのあついこころを突きうごかして、明治維新を実現していく大きなちからになったのですから、すごいなあ、と感心してしまいました。そして、松陰のこころが、この辞世の句のなかにふかく、つよくこめられ、それが何倍もの熱力となって、つぎの世代のこころと行動を突きうごかしたのだとおもうと、スサノヲがはじめた和歌の道のすごみをいっそう感じざるをえませんでした。

もうひとつ、松陰は、両親あての辞世の句をのこしています。それは、つぎのような短歌です。

親思ふ　心にまさる　親心
けふのおとづれ　何ときくらん

わたしも一児の親ですが、もし子どもにこのような歌を遺されて先立たれたとしたら、泣いて泣いて泣いて泣いて暮らすことでしょう。とりかえしのつかない、ざんねんむねんのおもいにかられて、なぜ、どうして、もっともっと生きていていてほしかった、とおもうにちがいありません。

しかし、そのようなおもいとともに、むすこのなかに火ともえているこころとたましいの熱力をしって、この運命を天のさずけた天命であったとあきらめ、うけとめる気持ちにもなるとおもうのです。松陰のすごさもすばらしさも、かれの著作や行動ばかりでなく、このふたつの辞世にたんてきにあらわれています。なみだなしに、このうたをよむこと、うたうことはできません。とうぜん、両親もなみだにむせびながら、この辞世をなんどもなんどもくりかえし読んだことでしょう。松陰はそのうたを遺すことで、門弟たちとご両親やご家族のこころとたましいを串刺ししたのです。

7 ―『古今和歌集』仮名序のうたの哲学

古代の日本に文字はなく、漢字をつかうようになるまで、文字による記録をのこすことはなかったようです。そこで、話しことばは大和ことば（和語）でしたが、それを古代中国の漢語で表現するのはたやすいことではなかったとおもいます。そこで、まだ平仮名も片仮名も発明されていない時代に成立した『古事記』や『日本書紀』や『万葉集』は、すべて漢字で表記されることになりますが、さて、その漢字をどのような大和ことばで発音したかを復元するのも、かんたんではありません。とうぜん、話しことばのみの古代日本語と、漢字記述できる古代中国語とのあいだで、口語的伝承言語と書記記録的文字言語との格闘と葛藤がおこります。『古事記』の筆録者の太安万侶《おおのやすまろ》などは、その格闘と葛藤の最前線にいた人物でしょう。

『古事記』には一一二首、『日本書紀』には一二八首、『万葉集』には四五一六首の和歌が長短ふくめ、多様な形式でおさめられています。やがて大和ことばの世界をその感覚にちかい語感であらわす文字が平安時代になって考案されました。平仮名と片仮名です。そして、その平仮名であらわされた最初の公的な著作が、延喜五年（九〇五）に編纂された『古今和歌集』でした。それだけでも、日本文化史上における『古今和歌集』の重要性がよくわかります。

『古今和歌集』には、仮名序《かなじょ》と真名序《まなじょ》というふたつの序文がしるされています。仮名序を紀貫之《きのつらゆき》（八六六頃〜九四五）、真名序を紀淑望《よしもち》（生年不詳〜九一九）が書きました。『古今和歌集』仮名序の有名な冒頭はつぎのような名文です。

和歌《やまとうた》は、人の心を種として、万の言の葉とぞなれりける。世の中にある人、事《こと》・業《わざ》しげきものなれば、心に思ふ事を、見るもの聞くものにつけて、言ひだせるなり。花に鳴く鶯、水に住むかはづの声を聞けば、生きとし生けるもの、いづれか歌をよまざりける。力をも入れずして天地《あめつち》を動かし、目に見えぬ鬼神をもあはれと思はせ、男女のなかをもやはらげ、猛き武士《ものゝふ》の心をもなぐさむるは、歌なり。

この仮名序には、日本文化の精髄が示されています。肝腎かなめのポイントは、「生きとし生けるもの、いづれか歌をよまざりける」です。うたとは、人間だけがうたうものではない。ウグイスもカエルも、いのちあるものはみなうたうという万物歌謡論が核心です。「生きとし生けるもの」すべてがうたう世界、それがくらげなすただよえる国、大八島の国、です。

この「生きとし生けるもの、いづれか歌をよまざりける」という考えは、『古事記』や『日本書紀』や『延喜式祝詞《えんぎしきのりと》』などになんどもくりかえしでてくる「草木言語《くさきこととふ》」というアニミスティックな万物言語観を、第3章でとりあげた「草木国土悉皆成仏」という天台本覚思想へと媒介する万象歌唱観であるという点で、日本思想の根幹を表現するものだとわたしは考えています。紀貫之のこの言説のなかに、日本の言霊思想のもっとも明確な哲学があるとおもうのです。

うた、すなわち和歌は、こころの表現です。なにかにつけて「心に思ふ事」を「言ひだせる」ものです。そのうたは、「青人草《あおひとぐさ》」とよばれる人間だけでなく、「草木」も「磐根《いわね》」も、花鳥風月もすべて、森羅万象がうたいます。

そのうえ、和歌は、ちからをもいれずして、天地万物をうごかすことができます。また、目に見えない鬼神のこころにも「あはれ」とおもわせる感動をひきおこすことができます。さらには、男女のあいだをひきよせて、やわらげ、むすびつけます。また、勇敢な荒々しい戦士のこころもなぐさめ、しずめます。これほどの効力のあるくすりがほかにあるでしょうか？　万能薬の「くすしきくすり」、それが和歌だというのが、紀貫之のうたの哲学です。

紀貫之は仮名序で、この歌が「あらがねの地《つち》」、すなわち地上においては、スサノヲからはじまるとのべています。

> この歌、天地《あめつち》の開け始まりける時より、いで来にけり。天の浮橋の下にて、女神男神となりたまへることを言へる歌なり。然あれども、世に伝はることは、久方《ひさかた》の天にしては下照姫《したてるひめ》に始まり、下照姫とは、天わかみこの妻《め》なり。兄《せうと》の神のかたち、丘谷にうつりてかゞやくをよめるえびす歌なるべし。これらは、文字の数も定まらず、歌のやうにもあらぬことどもなり。あらがねの地にしては、すさのをの命よりぞおこりける。ちはやぶる神世には、歌の文字も定まらず、すなほにして、言の心わきがたかりけらし。人の世となりて、すさのをの命よりぞ、三十文字あまり一文字はよみける。すさのをの命は、天照大神のこのかみなり。女と住みたまはむとて、出雲の国に宮造りしたまふ時に、その処に八色の雲の立つを見て、よみたまへるなり。や雲立つ出雲八重垣妻ごめに八重垣作るその八重垣を。

この紀貫之の仮名序によって、漢詩に圧倒され、それまでひくいものと見られてきた伝統的な和歌がよみがえったのです。そのなかで、スサノヲが「あらがねの地」の和歌の創始者として再浮上し、明確に「歌の道」（歌道）の始祖として再布置されたのです。これこそ、「スサノヲ・ルネサンス」といわずにおられるでしょうか。

――いにしえよりつたわる、日本のうたという、こころをきめるワザの道というものは、ひとのこころをたねとしてひらき、さまざまなことの葉や花びらとなったものです。

この世に生きているひとにはいろいろなできごとがおきてくるので、こころにおもういろいろなものごとを、そのつど、見るものやきくものにたくして、それをことばに表現していきます。

たとえば、花咲く野にないているうぐいすや、いけやたんぼなど水のなかに生息しているかえるの声をきくと、生きとし生けるあらゆるいのちあるものが、みな、うたをうたうことがよくわかります。うたをうたわないものなど、どこにもないのです。

しかもそのうたは、ちからをいれることなしに天地万物をうごかし、目に見えない霊的存在である鬼神のこころにもあはれとおもう感動をひきおこし、男女のなかをしたしませやわらげ、勇敢なたけき戦士のこころをさえもしっとりとなごませなぐさめしずめるちからをもっているのです。

それこそがうたであり、うたのちからと働きであり、いにしえよりつたわるこころをきよめるワザと道なのですよ。——

このように、和歌（やまとうた）とは、繊細微妙なこころの「あはれ」を感受し、表出し、浄化するこころの浄化のワザと道でした。それをさらにみじかく、しかも、宇宙大にまでひろげたのが、松尾芭蕉《まつおばしょう》をはじめとする俳諧師《はいかいし》たち、日本語の魔術師たちでした。

8 –「松の事は松に習へ」

わたしは、万葉歌人では、山部赤人《やまべのあかひと》がすきです。『古今和歌集』のなかでは、小野小町がすきです。『新古今和歌集』では、西行法師と式子内親王《しょくしないしんのう》にひかれます。そして、俳諧者としては、なんといっても、松尾芭蕉を尊敬します。近代詩人では、萩原朔太郎と宮沢賢治です。

その松尾芭蕉（一六四四〜九四）が、弟子である土芳《とほう》に語ったことばが『三冊子』におさめられています。そのなかでも、ビビッとくるのが、「松の事は松に習へ。竹の事は竹に習へ」という芭蕉のおしえです。松のことを詠もうとおもったならば松に習わなければならない。竹のことを詠もうと思ったら竹に習わなければならない。そのこころは、それから聴くしかないのだ。土芳は、その要諦を、「私意をはなれよといふ事也」と解釈しています。

けれども、それは、「私意をはなれる」ことだけではすみません。同じ『三冊子』には、「習へといふは、物に入《いり》てその微の顕《あらわ》れて情感《かんず》るや、句と成所也」とあります。「習う」というのは、ただ習うことではなく、「物に入る」ことなのです。松なら松そのものにはいり、竹なら竹そのものにはいることによって、はじめて「私意をはなれる」ことができると芭蕉はいっているのです。まさに、自然体の極意であり、俳諧の宮本武蔵のような達人ですね。

もし、「松の事を松に習」うことができたなら、「私意をはなれ」て、負の感情を見つめることもできるということになります。世阿弥なら、「無心」とか、「離見の見」（『花鏡』）というところでしょう。そのような境地に入ったときに、蝉の声も、岩の声も、「閑《ひま》」ではなく、「閑《しず》か」に聴こえるのでしょうね。

閑かさや岩にしみ入る蝉の声

9 ― 森羅万象の声をひろう――わが俳諧論

「松の事は松に習へ」という事態を、芭蕉は、元禄七年（一六九四）一月二十九日付けの高橋怒《たかはしど》誰《すい》あて書簡のなかで、「物我一智《ぶつがいっち》之場所へ至」るとべつのことばでいっています。「物」と「我」が「一智」する「場所」とは、「三密加持《さんみつかじ》」とも、「色即是空・空即是色」とも、「絶対矛盾的自己同一」の場所ということもできるでしょうか。

ところで、わたしも二十代から俳諧をたしなむようになりましたが、「俳句とは俳諧である」からはじまるわが俳諧アニミズム論とはつぎのような命題となります。

①「俳句」とは、「俳諧」である。

②「俳諧」とは、「俳＝人に非ず＋諧＝皆言う」ワザである。

③したがって、「俳諧」とは、「写界主義」である。それは、世界の「界面」を「写す」ワザである。

④たいして、「短歌」とは、「写心主義」である。それは「心（情）」を「写す」伝統的なワザである。

⑤この「俳諧」は、「徘徊《はいかい》＝吟行《ぎんこう》」によって支えられる「地面の文学」である。あるいは、「地霊」を呼び出すワザである。

⑥その、場ないしアニミズム文学としての「俳諧」は、「脱人間（中心）主義」、「脱主体（個人）主義」を基とする、「汎《はん》主体（俳諧＝人に非ず・皆言う）主義」である。

なにがいいたいのか、よくわからないとおもいますので、すこしくわしく説明してみます。

「俳諧」とは、その文字を分解すると、「人」に「非ず」、「皆」「言う」という組み合わせとなります。わたしは、この「俳」の字が「人に非ず」と読めるところに大きな意味を見いだします。「俳優」とは、「人に非ず」のワザを、つまりは、神や動物や自然のふるまいを、「優れた」かたちでおこなうことのできるおもしろいワザ者のことです。だから、「俳人」もまた、人間世界のみならず、ふかく自然のなかにわけいって、「人に非」ざる自然の景物を多様多才に詠みこみ、おもしろく新鮮に言語表現できるワザ者をさすことになります。

ようするに、「人に非ず」とは、人にかぎらず、天地万物、たとえば、『古今和歌集』仮名序の「生きとし生けるもの、いずれか歌を詠まざりける」のように、岩も根も草木もみなうたうということであります。

そこで、俳諧とは、万物がうたう世界を「写す＝移す」ことになります。それをわたしは「写界主義」と名づけました。そこでは、みんながうたをうたいあい、ききあっています。芭蕉は、それを俳諧というワザに仕立て上げた立役者です。これにたいして、短歌が「写心主義」だというのは、スサノヲの躍動するこころ「我が心清々し」というような、「こころ」を移し、表現するワザだ、ということになります。それが、「ヤエガキ〜、ヤエガキ〜、ヤエガッキ〜、ああ、ボク、うれしいな〜！」という喜びのこころの感情を写していく表現だということになります。

こうして、すべての物が声をはなっているという「万声世界」を写すのが俳諧で、短歌はこころの世界を写す「万心世界」転写のワザということです。また、この「俳諧」は、どうじに、「徘徊」すること、つまり、その土地土地、現場現場を歩きまわって、「吟行」することによって支えられています。吟行とは、うたいながら歩くことです。ですから、俳諧とは、地べたを虫のように歩きながら、森羅万象の声をひろって、地霊をよびだしていくワザなのです。

これをようするに、「俳諧」とは、「人に非ず＝俳」「皆物言う＝諧」、天地人響応のワザであり、文芸だということになります。そこには、「草木」も「言語《こととう》」と見てとった、『古事記』や『日本書紀』や『延喜式祝詞』いらいの、あるいはそれいぜんのアニミスティックな言霊自然感覚があります。その点、短歌がより人間的な側面をもつとするならば、俳諧はより大自然的な物の声をひろっていると対比できます。その点で、『古事記』いぜんの、短歌がうまれるいぜんのうたの世界を、もういっかい定式化し直した言語定型様式を「俳諧」だととらえているのです。

その「俳諧の哲学」を「松の事は松に習へ」とか「物我一智の場所へ至る」と命題化しえた芭蕉の仕事は、たいへん重要だとおもっています。「草木言問う世界」の玄妙さをもういちど、五七五という、世界最短最小の十七音の文学形式に様式化し、完成させたのですから。短歌は三十一文字（音）。俳句は十七文字（音）。ただでさえ短い詩である短歌を、さらにその半分ちかくにまでちぢめたのです。それも、短歌に定式化されるいぜんのくらげなす古列島の言語観に立脚しつつ、その基層をなすアニミズム的な自然感覚・世界感覚・生命感覚をよみがえらせて様式化した。そう見ていくと、芭蕉の偉大さと俳諧文学のおもしろさが際立ち、それによって、どれほどくらげなす島の負の感情が浄化されてきたか、はなりしれないものがあるとおもうのです。

10 − 芭蕉と蕪村の自然観

俳句・俳諧のはじまりは「俳諧連歌」とよばれたように、もとは連歌《れんが》にありました。ひとがあつまってうたをうたいあい、おどりをおどりあい、飲食などをたのしむ風俗習慣は、古代には「歌《うた》垣《がき》」とよばれました。それが中世になると、連歌という、仲間でたのしみながらうたいあう座《ざ》の文芸がうまれ、その連句の発句であるさいしょの「五七五」が俳句として独立していきます。

この連歌や連句の冒頭の発句十七文字の表現世界を独立完成させたのが、芭蕉でした。芭蕉は生涯、西行法師（佐藤義清《さとうのりきよ》。一一一八〜九〇）を師とあおぎ、西行の足跡をもとめつつ、『奥の細道』の道行をたどり、つぎつぎに名句をつくりました。

閑さや岩にしみ入る蝉の声　（山形・立石寺《りっしゃくじ》）
五月雨をあつめて早し最上川　（新庄）
雲の峰いくつ崩れて月の山　（出羽三山）
暑き日を海に入れたり最上川　（酒田）
荒海や佐渡に横たふ天の河　（越後・出雲崎）

これら、芭蕉の俳句・俳諧は、まことに雄大で、宇宙的です。その永遠の今の景を最短のことばでつなぎとめる見事なショットにはいつも感心させられます。ロングショットとショートカットを自在にきりむすぶ時空転移のワザは天才的に見事です。ことばの魔術師です。

立石寺では、岩にしみいっていく蝉の声のなかに、しずけさとすずしさを詠みこみました。そこに、我は有って無い。岩も蝉も、「我」の認識対象ではない。すべてが連続し溶け合っている。その融合のなかに沈黙が、しずけさが、すずしさが横溢する。それが「物我一智の場所」というわけです。

五月雨をあつめてごうごうとながれる雄大な最上川。雲の峰がくずれて顔をだす、万年雪をいただいた月山《がっさん》。その庄内平野をいろどる名山と名河川の西むこうにひろがる日本海。夏の暑い暑い日、そんな「暑い日」を最上川が海にいれて、ゆうゆうとはこんでいる。その悠久の永遠のいま。

北陸越後の出雲崎の突端で、天空によこたわる天の川とそのしたにくらくしずんでいるような日本海の荒海のむこうの佐渡ヶ島を見ている。そこでは、我は一粒の胡麻のようでもあり、天でもあり、海でもあり、また無や無底の底点のようでもある。たただすべてがいまここのコズミックウェイブ（宇宙波）の流れのなかにある。そんな宇宙図を芭蕉はえがきだします。「草木《くさき》言語《ことどう》」の声によって。

与謝蕪村《よさぶそん》（一七一六〜八四）は摂津国（大阪府）に生まれた画家でもあった俳諧師です。芭蕉を尊敬し、京都の金福寺《こんぷくじ》に芭蕉庵を再興しました。その金福寺は、わたしが住んでいる京都市左京区一乗寺にあり、そこに、芭蕉庵と蕪村の墓があるので、おりにふれておまいりしています。なんといっても、俳諧者の聖地ですから。

わが家から南に十分ほど歩いていくと、金福寺があり、樹木が山門におおいかぶさっています。金福寺は、貞観六年（八六四）、第三世天台座主《ざす》の慈覚大師円仁《じかくだいしえんにん》が自作の聖観音菩薩の像をまつって、国家安泰・衆生救済を念じて天台宗の寺として創建されたのがはじまりだといいます。そののち、荒廃したお寺を、芭蕉が活躍した江戸時代の元禄（一六八八〜一七〇四）のころ、鉄舟《てっしゅう》和尚が復興して、それいらい臨済宗になりました。

ちょうどそのころに、芭蕉がこの地に鉄舟和尚をたずねてやってきて、親交をふかめたようです。それから、しばらくたって、安永年間（一七七二〜八一）に、蕪村が芭蕉庵を再興し、この地を俳諧の拠点としました。こうして、芭蕉庵のとなりに、蕪村の墓が建つことになったのです。

金福寺本堂には、本尊として、伝円仁作の聖観音菩薩が安置されています。そのお堂のなかに蕪村のえがいた「芭蕉翁像」がかかっています。その絵には、おだやかな、まよいがぬけたような洒脱な雰囲気がただよっています。蕪村はたいへんふかい尊敬のおもいを芭蕉にいだいていました。だからこそ、この金福寺の芭蕉庵も再興したのですが、そのリスペクトのおもいがこの蕪村筆の肖像画からはよくつたわってきます。

金福寺庭園には、蕪村の「花守は野守に劣るけふの月」の句碑があります。蕪村の代表作といえば、「春の海終日《ひねもす》のたりのたり哉」が有名ですが、わたしは、

ゆく春やおもたき琵琶の抱心

月天心貧しき町を通りけり

がすきです。重い「琵琶」をいだいて、春のおわりに流浪している漂泊心がそこはかとなくにじみでていて、たいへん情趣ゆたかでしみるものがあります。お月様が天中にかかっている。こうこうとしたその月明かりのなか、ひっそりと貧しい町をとおっていく。その、夜風と月光がしみるようなものがなしさ。金福寺での作としては、

三度啼て聞えずなりぬ鹿の声

耳目肺腸《じもくはいちょう》こゝに玉巻く芭蕉庵

我も死して碑にほとりせむ枯尾花

などがリアルで、その自然観と死生観がしのばれます。

元禄のころ、芭蕉は山城国のあちこちで吟行し、この地で、住職の鉄舟和尚と交流しました。鉄舟は、その後、この庵を「芭蕉庵」と名づけましたが、それからおよそ七十年後、蕪村がこの地を訪ねた時には庵もさびれはてていました。そこで、蕪村は、「もとより閑寂玄隠の地にして、緑《りょく》苔《たい》や、百年の人跡をうづむといへども、幽篁《ゆうこう》なほ一爐《いちろ》の茶煙をふくむがごとし。水行き雲とどまり、樹《き》老《おい》鳥《とり》睡《ねむ》りて、しきりに懐古の情に堪へず」と『洛東芭蕉庵再興記』を精魂こめてかきあげ、再興をはかったのでした。

11 ― 俳諧といういのり

小林一茶（一七六三～一八二七）は、信濃国（長野県）の柏原村に生まれ、「俳諧寺一茶」を名のりました。そして、晩年になって、ふるさとにもどりますが、腹違いの弟や継母とのあいだにいろいろと悶着があったようです。苦労人だった一茶を、屋久島でくらしていた詩人の山尾三省《やまおさんせい》さん（一九三八～二〇〇一）は『カミを詠んだ一茶の俳句―希望としてのアニミズム』（地湧社、二〇〇〇年）のなかで、「一茶という人は、生まれ故郷と還るべき故郷とが同一の場であった幸せな人の一人である」と指摘し、一茶に「故郷性存在」を読みとっています。これは、屋久島にすんでいた山尾さんらしい、独特の観点だとおもいます。

東京神田生まれの山尾さんは、日本最初期のヒッピーでしたが、インドや世界遍歴のすえに、屋久島にすみつきました。そのじぶんの経験をとおして一茶理解をふかめています。

山尾さんはいいます。「人間という種は、他の生物も含めてのことだが、本来的にその住む場所、地域に所属している存在であるということである。」「場＝地域ということをさらに深めていくと、そこに〈つひの栖《すみか》〉という暮らすことの究極のヴィジョンが現われ、〈死所〉という生命の循環の究極の相が現われてくるのである。」　そんな独自の場所論をもっている山尾さんにとって、この一茶論は必然的にいきついた読みであったとおもいます。

一茶の俳句をいくつかあげておきます。

大根引き大根で道を教へけり
やせ蛙まけるな一茶これにあり
悠然として山を見る蛙かな
蟻の道雲の峰よりつづきけん
やれ打つな蠅が手をすり足をする
名月をとってくれろと泣く子かな
我ときて遊べや親のない雀
ちるひとつ咲のも一つ帰り花
下々も下々下々の下国の涼しさよ

これらのよくしられた俳句のなかで、とくにわたしがひかれるのは、「悠然として山を見る蛙かな」と「蟻の道雲の峰よりつづきけん」です。とぼけたような、おどけたような、ノーテンキなようでいて、シリアスなような、悲喜こもごもをぜんぶひきとって、そのまま、素のまま立っているような句。みごとだ、とおもいます。

山尾さんは、とくに、「下々も下々下々の下国の涼しさよ」と吟じた一茶の「下国」観にせまっていきます。上品上生《じょうぼんじょうしょう》の江戸（東京）のような都市にたいして、ふるさとに帰った一茶に、下品《げぼん》下生《げしょう》の下の下の国に住まいする、浄土真宗の信心をもつ地べたの生活者の「涼しさ」を山尾さんは見てとります。そして、一茶的な神仏理解にグイと迫っていきます。

山尾さんは言います。

> 俳句がなぜアニミズムの詩形式であり、思想であるかというと、その中核に季語というカミ（美しいもの・善いもの・真実なものの総称）を必須の条件として要請しているからであり、無季句にあってもその中核には、季語に代わるなんらかのカミが詠みこまれてあるからである。（…中略…）
> 俳諧には季語を入れねばならないという無言の約束の背後には、俳諧とは季語の諸現象という無数無限のカミガミを詠む詩形式であるという共同幻想が明確にあった

このように、俳句が「アニミズム」の文学形式（詩形式）であることを山尾さんは指摘します。

東京出身の山尾さんは、インド放浪後、屋久島に移り住み、農をしながら、詩をかき、思索をつむぎました。その山尾さんは、たしかに、一茶と同様、現代のまぎれもない「蚊蝿の如き僧一人」

であったといえるでしょう。

こうした俳諧者のなかに、短歌とはことなる、もうひとつの日本の「負の感情」とのつき合い方を見ることができます。短歌・和歌にも、俳句・俳諧にも、いのりがあります。

よぶんなことばをそぎ落としていくとき、そこで、重くてよぶんなこころもそぎ落とします。そぎ落とすことが、「みそぎ」となり、そこから耳にはいってくる天然自然の声々が、「まつり」となり、「いのり」となっていくのです。

相談「神社に参拝すると、ほんとうにご利益を得られるのでしょうか」

いっぱんに、日本人の信仰のあり方を、「ご利益信仰」とやゆ気味にいうことがありますね。また、それに関連して、日本人は「無宗教」だとか、「節操がない」などともよくいわれますね。

しかし、わたしじしんは、そのことを、善いとも悪いともおもいません。八百万の神々や、マンダラ的な諸仏諸菩薩のいる日本の神仏世界の多様性を考えると、それはとうぜんの考え方であり、信仰であったとおもうからです。

そして、わたしこじんは、「ご利益信仰」が悪いものだとはおもっていません。ただし、こじんてきに、神社やお寺で「ご利益」をねがったり、いのったりすることはありません。

ちょっとはずかしいのですが、わたしのいのり方は、いつも、すべての生きとし生けるものがその使命・天命をまっとうしますように、というもので、神仏やご先祖さまや死者のみたまに「ありがとうございます」という感謝の気持ちをつたえることはしばしばありますが、宝くじが当たりますようにとか、馬券が当たりますようにとか、合格しますように、とかといのることはありません。

　ですが、くりかえしますが、わたしは「ご利益信仰」が悪いとはおもっていません。たとえば、商売をしているひとであれば、商売繁盛をねがうのは当然のことであり、スポーツ選手であれば、プレイが上達し、試合に勝つことをねがうのは当然だとおもいます。そして、神社やお寺でおねがいし、いのって、すこしでも、こころが落ちつき、それによって、そのひとがむだなちからをいれないで、気持ちよく仕事をしたり、よいプレーができたとしたら、ある意味では「ご利益」といえるかもしれないし、心理学的・生理学的にいえば、セロトニンが分泌されてリラックスできたためによい結果が得られたということかもしれません。だから、解釈しだいでは、「ご利益」はあるし、「開運」もある、といえるかもしれません。

　結果の解釈は、いろいろな視点でなされるので、その解釈が唯一絶対ということはない、とおもいます。

　というわけで、「ご利益信仰」がなくなることは「ぜったいに」ありません。わたしたちにこうしたい、ああしたいという気持ちがあるかぎり。そしてそれは、それをねがうひとの向上や幸福につながることもあれば、失望につながることもあるでしょうが、すべては「自業自得のご利益」

でもあるとおもいますので、なるようになる、あるようにある、というほかありません。

かくして、ご利益は得られることもあるし、得られないこともある。それでも、わたしは、日々、神仏諸霊諸人をおまいりしています。

第6章

乱世と「負の感情」――伝統芸能のケア

1 ― 清澄と澱みの同居

祭りとうたいがいに、日本の伝統文化というとき、わたしがすぐにおもいうかべるのは、神楽と能とお茶です。この三つは日本文化を代表する芸能や芸道だとおもいます。神楽については、前章でいくらかふれたので、この最終章では、能とお茶のことをとりあげてみたいとおもいます。

おそらく、能ほど日本文化の総体をコンパクトに統合し、表現している芸能はないでしょう。まず、ここには、神道があります。仏教もあります。和歌もあります。声明《しょうみょう》もあります。舞踊や神楽もあります。日本文化の粋をきわめながらも、きわめて総合的、包摂的です。しかも、簡素にして抽象的、かつ象徴的で、世界に類例のない独創的な世界を表現しえているとおもうのです。

能舞台にしつらえられた鏡の間や、橋掛かりという舞台装置も独創的ですが、なにより独自なのが、その笛です。わたしは二十歳から六十九歳のいまにいたるまで笛をふきつづけてきたので、能の笛の独自性がよくわかります。能の笛である能管《のうかん》の「のど」の構造と、それによって発せられる「ひしぎ」とよばれる空間をきりさくようなひびき。そのユニークさは世界でも類例のないものとおもいます。

能の神秘は、開演そうそう、この能管の音響と音霊《おとたま》によって開示されます。「ひしぎ」は、すべての演目の冒頭で、神霊をよびだすひびきとされますが、わたしはそれを縄文時代からの石笛に由来すると考えているひとりです。

三島由紀夫《みしまゆきお》（一九二五〜七〇）は『英霊の聲』（河出書房新社、一九六六年）において、ある神道家が主催する「帰神の会」で、盲目の美青年が神主となって「帰神（神懸り）」の儀式をとりおこなう場面をえがいています。そこで、「審神者《さにわ》」とよばれる神のことばの審判者が、「神韻縹渺《しんいんひょうびょう》」と「石笛」をふくと、その幽冥界にとどくかのような音色をきいて、美青年の表情がしだいに変化していきます。そして、入神状態となって、まったく本人とはことなる声音で、二・二六事件で処刑された死者や特攻隊の死者の霊のことばをかたりはじめ、ついには、「などてすめろぎひととなりたまひし」と、天皇にたいするうらみのことばをはきだすのです。

三島由紀夫は、その石笛のひびきをつぎのようにしるします。

　石笛は鎮魂玉と同様、神界から奇蹟的に授かるのが本来であるが、かりに相当のものを尋ね出して用いてもよい。ふつうは拳大、鶏卵大の自然石で、自然に穴の開いたものを用いるが、古代の遺物はおおむねその穴が抜け通つてゐる。（…中略…）

　石笛の音《ね》は、きいたことのないひとにはわかるまいと思ふが、心魂をゆるがすやうな神々しい響きを持つてゐる。清澄そのものかと思ふと、その底に玉《ぎょく》のやうな温かい不透明な澱《よど》みがある。肺《はい》腑《ふ》を貫ぬくやうであつて、同時に、春風駘蕩《しゅんぷうたいとう》たる風情に充ちてゐる。古代の湖の底をのぞいて、そこに魚族《いろくず》や藻草《もぐさ》のすがたを透かし見るやうな心地がする。又あるひは、千丈の井戸の奥底にきらめく清水に向つて、声を発して戻つてきた谺《こだま》をきくやうな心地がする。この笛の吹奏がはじまると、私はいつも、眠つてゐた自分の魂が呼びさまされるやうに感じるのである。

いかがでしょうか？　わたしは毎朝、比叡山にむかって、石笛十二個、龍笛や能管をふくめて横笛六本、縦笛三本、法螺貝四個、土笛三個、太鼓一個、神楽鈴一振り、チンシャー（チベットの鈴）一振り、ハーモニカ一個、とおよそ三十種類くらいの古民族楽器を奉奏しているので、神楽や能やさまざまな民俗芸能の音楽のことはあるていど、からだで感知できます。

その経験からして、三島のこの記述は、信じられないくらいにうつくしく、てきかくで、みごとだとおもわずにはいられません。三島の審美眼と表現力には感心することしきりです。

たしかに、石笛は「心魂をゆるがすやうな神々しい響き」をもっています。天空をきりさくように垂直にかけあがる「清澄そのもの」と、大地の底に毒蛇のように侵入してゆく、「底に玉のやうな温かい不透明な澱み」の両面性をもっています。その神秘にして、不気味で、ふかしぎなゆれる音霊はことばにできないほど微妙です。よくもまあ、こんなシンプルな、なんの加工もしていない、ただの穴のあいた自然石から、これほど玄妙な音がでるものだ、といつも感心させられます。その絶妙なひびきを、三島由紀夫ほど、繊細かつていねいに、またてきかくに書きえたひとをしりません。まことに、絶品の記述です。

中楽《さるがく》（能）のなかで、旋律をきざむ唯一の楽器が能管です。日本の横笛のなかで、能管だけが「ひしぎ」のひびきをだすことができます。それを、構造的に、「のど」というふしぎな詰めものをしかけることによって可能としました。「のど」は「ひしぎ」のひびきをだすための装置です。その「ひしぎ」の音が石笛に由来すると、廣瀬量平《ひろせりょうへい》さんや上山春平《うえやましゅんぺい》さんやわたしは考えているのです。石笛は、自然界と人間の心魂と霊的世界を串刺しにし、接続する音響的媒介なのです。

この石笛のひびきじたいが、日本人の負の感情の表現と浄化の両方をあらわしているように、わたしにはおもえます。三島が指摘しているように、それは「清澄」（正・浄）と「澱み」（負・忌避）の両方を極端なまでにもっているのです。

2 ― 能の主題は負の感情

世阿弥《ぜあみ》（一三六三～一四四三）の時代に、すでに、このような石笛をつかっていたかどうかの確証はありません。世阿弥は、「複式夢幻能《ふくしきむげんのう》」という独自の演能の構造を創出しました。その構造は、能管の「のど」の二重構造＝複式構造とにています。表の、目に見える部分は、現在の日常世界です。しかし、その内部の奥にしまわれている「のど」は、夢幻的な、隠れた、目に見えない霊的世界です。その二重世界のなかで、申楽は夢幻かつ幽玄にゆらいでいます。

世阿弥は、『風姿花伝《ふうしかでん》』第四神儀云《しんぎにいわく》のところで、能＝申楽がアメノウズメの天の岩屋戸のまえでの神懸りと神楽に起源をもっているとし、また、釈迦《しゃか》説法中に、一万人の外道《げどう》（仏教を信じないひとびと）をたのしませる方便としてはじまったとも説きました。なので、能には神道と仏教の両方がしっかりとはいりこんでいます。そもそも、ワキ（シテの相手役）として登場してくる回国行《かいこくぎょう》者《じゃ》の「諸国一見の僧」は仏教者ですが、シテ（一曲の主役）としてあらわれる不審でふしぎな土地の者は、じつは、つよい痛みやうらみや悲しみをいだいた神や死者の霊などの化身なのです。

世阿弥の『風姿花伝』の序のことばをひいておきます。

> それ、申楽延年《えんねん》の事態《ことわざ》、その源を尋ぬるに、あるひは仏在所《ぶつざいしょ》より起《おこ》り、あるひは神代より伝はるといへども、時移り、代隔《よへだた》りぬれば、その風を学ぶ力及び難し。近来、万人のもてあそぶところは、推古天皇の御宇《ぎょう》に、秦河勝《はたのかわかつ》に仰せて、かつは天下安全のため、かつは諸人快楽のため、六十六番の遊宴をなして、申楽と号せしより以来、代々、風月の景を仮りて、この遊びの媒《なかだち》とせり。その後、かの河勝の遠孫、この芸を相続ぎて、春日・日吉の神職たり。よつて、和州・江州の輩《ともがら》、両社の神事に従ふ事、今に盛んなり。

この序には「申楽延年」の三つの起源が、仏在所起源、神代起源、秦氏起源の順序でしるされています。ところが、さきにひいた「第四神儀云」では、神代起源、仏在所起源、秦氏起源の順に起源譚《たん》が解説されているのです。なぜ序では、申楽の起源として、「仏在所」起源譚がさきにおかれることになったのでしょうか？

その理由はさだかではありませんが、申楽の目的は明白で、それは、「天下安全」、「諸人快楽」のためであるといいます。そして、新羅《しらぎ》からの渡来人であった秦河勝の子孫が、この「芸」をうけついで、春日大社や秦氏のかかわる日吉大社などの「神職」として「両社の神事」に奉仕していることが示されています。申楽従事者が、春日と日吉という、日本の王権（天皇家）を支えるふたつの「日」の社の神職の一員であることを、世阿弥は強調します。

「第四神儀云」では、つぎのようにかたられます。

一、申楽、神代の始まりといふは、天照大神、天の岩戸に籠《こも》り給ひし時、天下常闇《とこやみ》になりしに、八百万の神達、天の香具山に集り、大神の御心をとらんとて、神楽を奏し、細男《せいのう》を始め給ふ。中にも、天の鈿女《うずめ》の尊、進み出で給ひて、榊の枝に幣《しで》を付けて、声を挙げ、火処《ほどろ》焼き、踏み轟かし、神懸りすと、歌ひ、舞ひ、撫で給ふ。その御声ひそかに聞えれば、大神、岩戸を少し開き給ふ。国土また明白たり。神たちの御面、白かりけり。その時の御遊び、申楽の始めと云々。委《くは》しくは口伝にあるべし。

この神道的神代起源神話によると、申楽は、アメノウズメの「神楽」と「神憑り」に端を発するとされます。つまり、『古事記』や『日本書紀』や『古語拾遺《こごしゅうい》』や『先代旧事本紀《せんだいくじほんぎ》』などにしるされた天岩屋戸神事のさいのアメノウズメの踊りからはじまるというのです。ということは、世界が暗黒につつまれたとき、ふたたび生命力を賦活《ふかつ》させ、復活させるこころみとして、神楽の末裔として能は演じられたということです。

能が独自なのは、このとき、負の感情の吐露《とろ》を主題として、それを怨霊《おんりょう》や幽霊をとおしてかたらせ、諸国一見の僧の傾聴とご祈祷とによって、鎮魂供養され、まよわず成仏していく過程が演じられることです。『古事記』がグリーフケアやスピリチュアルケアの物語だとすれば、能もまたおなじように、いやもっと自覚的かつ主題的に、グリーフケアないしスピリチュアルケアの物語的表現となっているといえるでしょう。

中楽の起源をものがたるふたつめのインド仏教起源の伝承では、釈迦説法の場で外道を楽しませた「六十六番の物まね」が中楽の始まりとされます。祇園精舎《ぎおんしょうじゃ》でお釈迦さまが説法していたおり、提婆達多《だいばだった》が一万人の外道をつれてやってきました。かれらは、木の枝や笹の葉に幣をつけて踊ったり、さけんだりしたので、それはひどく説法のさまたげになりました。そこで、かれらを全員後ろ戸にさそいだし、つれていって、鼓《つづみ》と笙鼓《しょうこ》をそろえて、舎利弗《しゃりほつ》の智慧と阿難陀《あなんだ》の学識と富楼那《ふるな》の弁舌をもちいて、六十六番の「物真似」をしました。すると、みんなはそれを見てしずかになり、そのあいだに、お釈迦さまは、こころおきなく説法できたとものがたるのです。

こうして、世阿弥は、まず神道起源を説いたあとで、仏教起源の物語をしるし、それが六十六番あることも明示します。神道芸能につづいて仏教芸能を提示し、そしてそのあとで、より具体的な本命の芸能として秦氏の家伝伝承を詳述したのです。これらについては、拙著『世阿弥—身心変容技法の思想』（青土社、二〇一六年）でくわしくしるしたので、ここでは省略します。

重要な点は、世阿弥が中楽を「寿福増長（延長）」の「天下の御祈祷」の「芸能」であるとくりかえし強調しているところです。この「寿福増長」を実現するために、前提としてなにが必要であるかというと、「魔縁《まえん》」をとりのぞくことだといいます。

「魔縁を退けて、福祐《ふくゆう》を招く、中楽舞を奏すれば、国穏かに、民静かに、寿命長遠なり」と「第四神儀云」にあります。それは、いいかえると、「招福除災」のことですが、災いをとりのぞく「除災」には、「魔縁」の解除がふくまれているのです。

3 ― 魔を断つワザ

それでは、その「除災」や「魔縁」の解除はどのようにしてできるのでしょうか。ここに、神道や仏教（特に密教）の儀礼が大きくかかわってきます。禊《みそぎ》や祓《はらい》や祈祷や調伏《ちょうぶく》がそれにかかわります。たとえば、初詣の習慣を見れば明白ですが、日本人の神社や寺院への参拝のほとんどが「寿福増長」とか「開運」などの現世利益を期待してのものです。神社やお寺で「家内安全」や「身体健固（健康）」などのご祈祷をしてもらい、お札を受けて自宅の神棚などにそれをおいたり、はったりして、守護してもらう。そのような習慣が生活のなかにとけこんで、年中行事化しているのが実態です。

世阿弥は、申楽を日本人の生活習慣のなかにとけこんだ祈念のあたらしい手法として位置づけ直したといえます。それは、たしかに、とうじは新奇で、ものめずらしい様式をもっていましたが、その本源は、神々がおこなった神楽や仏の説教に由来すると説くことで、その新奇さや独創性と伝統とを接ぎ木したのです。

その接ぎ木の典型が「翁《おきな》」の造形にあります。世阿弥は「第四神儀云」において、六十六番ある能から、能のなかの能として三つが選ばれて「式三番《しきさんばん》」とよばれるようになったとのべています。「稲経翁《いなつみのおきな》（翁面）、代経翁《よなつみのおきな》（三番申楽）、父助《ちちのじょう》、これ三つを定む。今の代《よ》の式三番これなり」と。

このうち、「代経翁」が現在の「三番叟《さんばそう》（三番三）」で、「父助」は現在の式三番にふくまれてはいませんが、神戸市須磨区の車大歳《くるまおおとし》神社の「翁舞」には、「父の尉」（父助）を舞う古式がのこっています。

この「翁」は、「能のなかの能」とも、「能にして能にあらず」ともいうことのできる特別の能です。直面《ひためん》のシテが、舞台中央でふかぶかと礼拝したあとで、「翁面」をかけ、そして、「翁舞」をおえて、面を外したあとで再度、舞台中央でふかぶかと拝礼するのです。その「拝」は、「天下泰平・国土安穏・五穀豊穣」を祈る、『風姿花伝』でいう「天下の御祈祷」です。「千歳《せんざい》」はその「翁」を寿《ことほ》ぐ若者です。

シテ（翁）　とうとうたらりたらりら、たらりららりらりどう。
地謡《じうたい》　ちりやたらりたらりら、たらりららりらりどう。
シテ　ところ千代《ちよ》までおはしませ、
地謡　われらも千秋《せんしゅう》さむらはう。
シテ　鶴と亀との齢《よわい》にて、

地謡　さいはひ心にまかせたり。
シテ　とうとうたらりたらりら。
地謡　ちりやたらりたらりら、たらりららりらりどう。
千歳　鳴るは瀧の水、鳴るは瀧の水、日は照るとも、
地謡　たえずとうたり、ありうどうどうどう。
千歳　たえずとうたり、たえずとうたり。（千歳の舞）
千歳　ところ千夜までおはしませ。われ等も千秋さむらはう。鳴るは瀧の水、日は照るとも、
地謡　たえずとうたりありうどうどう。
シテ　あげまきやとんどや、
地謡　よばかりやとんどや。
シテ　坐してゐたれど、
地謡　まいらうれんげぢやとんどや。
シテ　千早ふる、神のひこさの昔より、久しかれとぞ祝ひ、
地謡　そよやりちやんやとんどや。
シテ　千年の鶴は、万歳楽とうたうたり。また万代の池の亀は、甲に三極を具へたり。渚の砂、索々として朝の日の色を朗じ、瀧の水、冷々として夜の月鮮かに浮んだり。天下泰平国土安穏。今日の御祈祷なり。在原や、なぞの翁ども。

地謡　あれはなぞの翁ども、そやいづくの翁ども。
シテ　そよや。（翁の舞）
シテ　千秋万歳のよろこびの舞なれば、一舞まはう万歳楽。
地謡　万歳楽。
シテ　万歳楽。
地謡　万歳楽。

この「とうとうたらりたらりら、たらりららりららりどう」とまことにふしぎな韻律によってはじまるのが翁の「神歌」です。ここには、シテの翁によって、「千秋万歳のよろこびの舞」、すなわち「万歳楽」であることがくりかえしうたわれます。とどうじに、「天下泰平国土安穏。今日の御祈祷」であることもうたわれます。

この翁の「万歳楽」をいわうことほぎの言霊《ことだま》として、千歳が、「鳴るは瀧の水、日は照るとも、たえずとうたり、たえずとうたり」とうたいます。いのちの水がほとばしり、いのちの日がさんさんとてりかがやき、いのちをはぐくみめぐむ水と日が、たえることなくみちたりるさまを千歳はいわいことほぐのです。

この「翁」と「千歳」の後に、「三番叟」が狂言方によってつとめられます。このとき、「翁」が白色尉《はくしきじょう》面であるのにたいして、「三番叟」は黒色尉面をかけます。まず直面で、「揉之段《もみのだん》」が舞われ、そのあと、黒色尉面をかけて「鈴之段《すずのだん》」が舞われます。この揉之段の三段跳びは羽黒《はぐろ》修験道などの「験競《げんくら》べ」で行われる「烏飛《からすと》び」などとたいへんよくにています。そこで、「能・狂言は平時の修験道」という一面をもつとわたしは主張してきました。

世阿弥は申楽が「天下安全・諸人快楽」の「遊宴・遊び」であると強調し、「魔縁を退け、福祐招く」「国穏かに、民静かに、寿命長遠」の「天下の御祈祷」であることを力説しました。そしてこの六十六番の演目が長大なので、そのなかから特に「稲経翁、代経翁、父助」の三つを選び定めて、これを「式三番」と名づけ、この「式三番」の三種が法身《ほっしん》・報身《ほうじん》・応身《おうじん》の「如来の三身《さんしん》」であるとしたのです。「翁」が世阿弥においても特別に神聖視されていることがよくわかります。

世阿弥は煩悩や怨念のうずまくこの世界に立ちおこってくるさまざまな「魔縁」をうちはらい、「福祐」をまねきよせて、ひとびとを「寿福増長・諸人快楽」にみちびく「天下の御祈祷」としての歌舞が能であると規定したのです。

4 — 悲しみを可視化する — 『平家物語』と能

そして、世阿弥が大成したといわれる複式夢幻能には、「天下の御祈祷」としての祈祷形式が、僧と霊との傾聴と成仏祈願としてくみこまれました。「諸国一見の僧」という回国行脚《あんぎゃ》する修験者や祈祷師がワキとして登場し、回国の場所を示します。つぎに、その土地にゆかりのあるちょっと特異であやしげな前シテの人物があらわれ、なにか因縁めいたことをつげます。そこで、不審におもった僧がその人物の素性をといかけると、じつは、その人物は痛みや悲しみや怨恨をもった霊（後シテ）の化身であることがわかってきます。

そこで、僧は、こころをこらして、ご祈祷の一夜をすごすのです。つまり、怨念をもつ霊をよびだして、その悲しみの声をしかとききとり、ご祈祷によって成仏させるという心的・霊的変容の過程が表現されるのです。そのさまは、まさに鎮魂供養の儀式とも神秘詩劇ともいえます。

そこでは、神々や霊たちのうらみつらみの声を傾聴する僧と、その僧がもつ仏教のご祈祷力が霊験あらたかなかたちでくみこまれています。そのような神仏協働、神仏習合する鎮魂供養の独自の演劇形式が能楽（申楽）として様式化され、日本文化の精髄を世界に発信しつづけています。

その能にとって、『平家物語』はとてもたいせつな素材であり、最高の本歌《ほんか》ともいえる原曲でした。あいせつな琵琶にいざなわれてかたられる平家一門の栄光と滅亡は、それをきく者の悲哀の情をいたく刺戟し、そのしらべはいまだ痕跡をのこしたなまなましい傷口と哀傷をもっています。『平家物語』の完成と朗唱歌詠をとおして、「死」と「史」と「詩」がひとつらなりの物語的なむすびつきをもつリアリティとして迫ってきます。そのような、負の感情を浄化する目的と様式をもつ民族の叙事詩が誕生したのです。

こうして、世阿弥をはじめとする能作者たちは、『平家物語』におおくの材をとりながら、そのひとつひとつの「景」をぞんぶんに幽玄かつ哀切な歌舞に仕立てていきます。それにあわせて、囃《はや》子方《しかた》もきりきりと心魂にきりこみ、もみこむように悲嘆の情調をもりあげていきます。

このようにして、能は悲哀の構造を可視化したのです。一つの演劇的様式のなかに「見える化」する。それによって、メタレベルでのスキャニングができるようになり、このような執著の可視化によって、そこからの離脱をセッティングできる。能が鎮魂供養やケアの芸能と考えられてきたゆえんです。

目の前には、じつにたくさんの「死」があります。崇徳上皇が讃岐に流されて憤死した保元《ほうげん》の乱（一一五六年）以後、戦乱による死があいついでおこります。それだけでなく、『方丈記』（一二一二年成立）がくわしくドキュメントするように、大地震や飢饉や竜巻や大火による自然災害などによる死もあまたおこってきます。時代は、すでに、多死時代の「末法《まっぽう》の世」に突入しています。このようなとき、ひとびとは、なぜ、こんな世のなかになってしまったのか、と歴史の道理をたずねることになります。「いったい、こんな時代に誰がした？」

比叡山延暦寺の座主《ざす》を四度もつとめた慈円《じえん》（一一五五〜一二二五）は、怨霊にも「道理」があり、世をみだし、ひとをほろぼし、災いをもたらすことがあるといいます。怨霊は憎悪をもち、ふかくうらみにおもうひとを仇《あだ》にしてとり憑《つ》き、ひとつの家から天下にひろがり、讒言《ざんげん》や虚言《きょげん》をつくりだして見えない方法でうらみをはらすといいます。

だからこそ、神仏にいのり、怨霊をしずめるための処方が必要となるのです。その怨霊調伏の処方が、鎮護国家《ちんごこっか》の霊的国防装置としての仏法です。慈円の怨霊史観は、天台密教を総動員した加持祈祷による調伏史観であり、それが稀代の叙事詩である『平家物語』の歌曲の創作をうながすことになりました。

慈円は、そのような「歴史の道理」を考え抜いて、『愚管抄《ぐかんしょう》』をあらわしたのです。「死」をとおして「史」を透視していったのです。このような世のなかになっていく「歴史の道理」というもの、それを、慈円は見とおしながら、保元の乱以後はみな「武者《むさ》の世」で、「乱世」であると、歴史の区切りをつけていったのです。

句読点を付けて、歴史を見て読むと、「これ以前」と「これ以後」とはまったくことなる。そのような歴史的分岐点というものがある。その歴史の分岐をうむ道理もある。

慈円は比叡山に住みながら、時代を区切り、またつらぬく道理なるものによって、おのれや後《ご》鳥羽上皇《とばじょうこう》を納得させようとしたのです。こんな武者の世になってしまったことの道理。それによって、自他を説得しようとしたのですが、ことはそれだけで済むはずがありません。時代は、歴史を可視化し、見える化する装置を求めたのです。それが『平家物語』の創出となっていくのです。つまり、「死」が「史」をよびだし、「史」が「詩」をうみだしたのです。民族の叙事詩としての『平家物語』は、そのようにして誕生したとわたしは考えています。

つまり、「詩」なくして、わたしたちの悲しみの心魂はしずめられないのです。なぐさめられないのです。おさまりきらないのです。生きるために、ひとは物語を必要とするのです。それは根源的な物語としての「神話」のようなものです。そのような神話的物語を支えにすることで、はじめて、時代の激変にたえぬくことができたのです。『愚管抄』も『平家物語』も、そのような、かたれば血のでる「死―史―詩」の連環を内包する物語の創出であったとおもいます。

5 死と史をつなぐ詩―『朝長』

ここで、能『朝長《ともなが》』を例に考えてみます。『朝長』は、『平家物語』を本説にしたものではありません。源平の合戦に先行する保元の乱のすぐあとにおこった平治《へいじ》の乱（一一五九年）をもとにしています。この作者が、世阿弥の長男の観世元雅《かんぜもとまさ》（一四〇一～三二）であるかどうかについては議論がわかれるところですが、もしこれが元雅作であるとするならば、元雅が父子のわかれの悲嘆をくりかえしとりあげていることの意味を再確認させられます。『弱法師《よろぼし》』や『隅田川《すみだがわ》』や『朝長』には、くりかえし親子のわかれや再会や死別がとりあげられ、そこに「受難能」ともよびたくなるような悲嘆の深掘りの苦汁が見えてきます。元雅には、どこか、自虐的な、進んで受難や受刑に向かうような悲愴感がただよっています。

『朝長』はつぎのようなワキのかたりからはじまります。そこに平治の乱が出てくることに注意しておきたいとおもいます。

　これは嵯峨清涼寺《さがせいりょうじ》より出でたる僧にて候。さてもこのたび平治の乱れに、義朝《よしとも》都をおん開き候。

中にも大夫《たゆう》の進《しん》朝長は、美濃の国青墓《あおはか》の宿にて自害し果て給ひたるよし承り候。われらも朝長の
おんゆかりの者にて候ほどに、急ぎかの所に下り、おん跡をも弔ひ申さんと思ひ立ちて候。

『朝長』では、冒頭、源義朝（平治の乱で敗死。一一二三〜六〇）の二男・源朝長（一一四三〜六〇）の元家臣であった京都嵯峨の清涼寺の僧（ワキ）が、平治の乱で自害し果てた朝長を弔《とむら》おうと、美濃国大垣《おおがき》の青墓《あおはか》の宿《しゅく》にやってくるところからはじまります。里人《アイ》から朝長の墓所をおしえられ、そこにいくと、青墓の宿の長（前ジテ）が、かれの自害の顛末《てんまつ》をかたり、その菩提《ぼだい》を弔ってくれるよう僧にたのみます。

そこで、その僧が、「観音懺法《かんのんせんぼう》」（観世音菩薩を本尊として、死者の罪業を懺悔供養する修法）をもって菩提を弔っていると、朝長の亡霊（後ジテ）が甲冑姿であらわれます。そして、わが「魂《こん》は善所（極楽浄土）に赴《おもむ》けども、魄《はく》（肉体を支える気やたましい）は修羅道《しゅらどう》に残ってしばし苦しみを受くるなり」とかたって、僧の廻向《えこう》に感謝するのです。

ようするに、朝長の鎮魂供養を、ゆかりのふかい元家臣の僧がおこなうという筋だてですが、そのなかで、朝長の最期のときがくわしくものがたられるのです。その「死の物語」なしに、鎮魂も供養も成立しません。そして、そのような「死の物語」が、「保元平治の世の乱れ、いかなる時か来たりけん」というシテの「史」の位置づけのなかにおさめられるのです。そのような「死」と「史」が、『朝長』という一曲の「詩」としてうたいまわれることをとおして、鎮魂供養は完成し、「魂魄」の成仏も果たされるのです。

観世流の『朝長』の小書きでは、このとき、太鼓がベンベンととくべつにひくい地ひびきのうなるような調子で奏されるといいます。この最高度に低音部の音をひびかせることによって、「観音懺法」の「法」を成就させようとしているのでしょう。

『朝長』の曲のとちゅう、ワキの僧は、「自害」したという朝長の「御最期のありさま委しく語つておん聞かせ候へ」と、長者のシテにたのみます。すると、長者は朝長の最期をつぎのようにものがたります。

申すにつけていたはしや。暮れし年の八日の夜に入りて、門を荒けなく敲《たた》く音す。誰なるらんと尋ねしに、鎌田殿《かまだどの》と仰せられしほどに門を開かすれば、物具《ものぐ》したる人四五人内に入り給ふ。義朝おん親子、鎌田金王丸とやらん。わらはを頼み思《おぼ》しめす。明けなば川船に召され、野間の内海《うつみ》へおん落ちあるべきとなり。また朝長は、都大崩れにて膝の口を射させ、とかく煩ひ給ひしが、夜更け人静まつて後、朝長のおん声にて、南無阿弥陀仏《なむあみだぶ》南無阿弥陀仏と二声宣《のたも》ふ。鎌田殿まゐり、こはいかに朝長のおん自害候ふと申させ給へば、義朝驚き御覧ずれば、はやおん肌衣《はだぎぬ》も紅《くれない》に染みて、目もあてられぬ有様なり。其時義朝、何とて自害しけるぞと仰せられしかば、朝長息の下より、さん候都大崩にて膝の口を射させ、すでに難儀に候ひしを、馬にかゝりこれまでは参り候へども、今は一足《ひとあし》も引かれ候はず。路次《ろじ》にて捨てられ申すならば、犬死すべく候。ただ返す返すおん前途《せんど》をも見届け申さで、かやうになりゆき候ふこと、さこそ言ひかひなき者と、思しめされ候はずれども、道にて敵《かたき》に逢ふならば、雑兵《ぞうひょう》の手にかからんこと、あまりに口惜しう候へば、これにてお暇《いとま》たまはらんと、これを最期のお言葉にて。こときれさせ給へば、義朝正清とりつきて、嘆かせ給ふおん有様は、外《よそ》の見る目もあはれさをいつか忘れん。

このように、朝長の最期がたいへんくわしくかたりきかされるのです。また、『朝長』の最後のほうでは、「昔は源平左右にして、朝家《ちょうか》を守護したてまつり、御代《みよ》を治め国家を鎮《しず》めて、万機の政《まつり》事直《ごとすなお》なりしに、保元平治の世の乱れ、いかなる時か来たりけん。思はざりしに弓馬の騒ぎ、ひとへに時節到来なり」とうたわれて、保元・平治の乱から世がみだれて、いっきに、戦乱の世に突入していくという時代認識が示されています。

能『朝長』では、朝長の最期のときに、第一発見者となったのが鎌田正清《まさきよ》（一一二三〜六〇）とされます。軍記物語の『平治物語』などでは、父・義朝が朝長の最期を手にかけたとされています。そこでは、父が子を殺したことになります。じじつがどうであったか、さだかではありませんが、能『朝長』では、義朝の乳兄弟で一の家臣であった鎌田正清の名が、「鎌田殿」とか「正清」とかと何度かでてきます。その鎌田正清がわが家の先祖にあたるのです。

わたしは子どものころ、婿《むこ》養子であった父親が、この朝長の最期を看取《みと》った正清が、主君の源義朝とともに愛知県知多半島の内海ににげのびて、正清の妻の実家で酒をのまされてだまし討ちにされたことをくりかえしかたるのを、それこそ耳にタコができるほどきかされて、ほとほとイヤになったことがありました。先祖の鎌田正清の死が、毎正月だけでなく、父が酒をのんでよい調子になったときなど、また、満州での戦争体験や特攻隊に散っていった同期の桜の戦友をおもいだすたびかたりきかせられたのには閉口しました。しかし、子どものわたしたちは、それをだまってきくほかありませんでした。

このような出来事があったために、わが家では正月にいっさいの酒を断ち、酒や酒器類をすべて家のそとにだすという徹底ぶりだったので、とうぜんのことながら、お屠蘇《とそ》をのむこともできず、わたしは一年の最大のハレの日を体験せずに大きくなったのです。それにより、六十九歳のいまになるまで正月に酒をのんだことはなく、一九九八年一月からは、酒一滴ものんだことがありません。そんなわが家の家伝的物語があったために、わたしは中世という時代に関心をもたざるをえませんでした。そして、その時代にうまれてきた能に関心をいだくことになりました。こうして、鎮魂供養のことをふくめ、時代時代の戦乱をどのようにしずめ、おさめていく道があるのかをさがしつづけて今日にいたっています。愛知県知多郡美浜町にある野間大坊《のまだいぼう》とよばれる真言宗のお寺の大御堂寺《だいみどうじ》の境内には、「郎等《ろうどう》鎌田次郎正清ガシウトニテ内海荘司《うつみのしょうじ》平忠致《たいらのただむね》」（慈円『愚管抄』）に殺害された義朝の剣塚と、鎌田正清とその妻の墓があります。

6 − 乱世のケアの物語―『烏帽子折』

能『烏帽子折《えぼしおり》』には、この鎌田正清の妹が、烏帽子屋の妻「阿古屋《あこや》の前《まえ》」として登場して、立派に成長した牛若丸《うしわかまる》（源義経《よしつね》）を見て、なみだする場面があります。そこでは、鞍馬寺《くらまでら》から脱走した牛若丸が、烏帽子屋をたずねて、東男《あずまおとこ》に変装しようとします。しかし、平氏の世であるにもかかわらず、烏帽子を、源氏の系統であることを示す左折りにするようにたのむのです。そんなことが平氏にしれたら、すぐにつかまってしまいます。そこに、烏帽子屋の妻阿古屋が登場して、牛若丸とわかって、ともになみだするということになります。

このまえに、烏帽子屋の主人である夫《シテ》から、阿古屋は牛若丸の刀を見せられて、こうかたります。

恥づかしや、申さんとすれば言葉より、まづ先立つは涙かな。今は何かを包むべき。これは野間の内海にて果て給ひし、鎌田兵衛《ひょうえ》正清が妹なり、常盤腹《ときわばら》には三男牛若子《うしわかご》の生まれさせ給ひし時、頭《こう》の殿よりこのおん腰の物を、守り刀にとて参らさせ給ひしそのおん使をば、わらはが申して候ふなり、あらあさましや候。

これまでながらくつれそい、苦楽をともにしてきた夫は、わが妻が鎌田正清の妹であることをまったくしらなかったのです。妻はそのことを、こころふかくにかくしていたからです。それをいま、ここではじめて夫に開陳したのです。そしてふたりして、なみだながらに牛若丸と会います。

このとき、牛若丸が、「今思ひ出《い》だしたり、もし正清が縁《ゆかり》の者か」と阿古屋にといかけます。それにたいして、阿古屋は、「おん目の程のかしこさよ、わらはは鎌田の妹に」とこたえます。すると、すかさず、牛若丸は、「阿古屋の前か」といいあてます。このたがいの素性を告白しあう場面が、『烏帽子折』前半部のクライマックスとなっています。

『義経記《ぎけいき》』には、鞍馬山を出奔するまえの牛若丸に、その素性と父・義朝の死の顛末をつたえたのは、鎌田正清の子の鎌田三郎正近《まさちか》（光政《みつまさ》ともいう）としるされています。正近は、「おそろしき者の子孫なり」と説明されています。「おそろしき者」の「おそろし」には、通常の「恐ろしい」という意味のほかに、「尋常ではない、普通ではない、驚くべき」というような意味があります。鎌田正清は、そうした意味での、尋常ではない生き方と死に方をした「乱世」の「武者」であり、鎌田正近はその「子孫」であったということなのです。

江戸時代の絵師・鳥山石燕《とりやませきえん》の『百器徒然袋《ひゃっきつれづれぶくろ》』に、「鞍野郎《くらやろう》」とよばれる妖怪がでてきます。その妖怪は、「保元の夜軍に、鎌田政清手がらをなせしも、我ゆへなればいかなる恩も給《た》ぶべきに手がたをつけんと、前輪のあたりをきりつけらるれば、気も魂もきえぎえとなりしとおしみて唄ふ声、いとおもしろく夢のうちにおもいぬ」と解説されています。つまり、策略によって、主君・義朝とともに殺された正清（ここでは「政清」）が使用していた馬の鞍が変化して生まれた妖怪が「鞍野郎」なのです。このような妖怪物語ができてくる背景というものを考えさせられます。

妖怪変化はともかく、正月に酒をのむと「たたり」がおこるとおどされるようにして育ったわたしにとっては、『保元物語』も『平治物語』も『平家物語』も、またそれらをもとにつくられた能の曲のかずかずも、切実至極のグリーフケアやスピリチュアルケアとなり、鎮魂供養の儀礼になっています。

7 — 戦乱とお茶

わたしの知り合いになんにんも茶道をたしなんでいるひとがいます。ときには、茶席にまねかれて、お茶をいただくことがあります。そんなとき、このお茶の作法がどのような哲学や世界観にうらづけられているのか、とても興味をひかれます。そのことをいつもどこかで感じながら、しかし、突きつめて、茶道のことを考えたことはあまりありません。

わたしが京都造形芸術大学（いまの京都芸術大学）につとめていたころ、いま能舞《のうまい》をともに演じている河村博重《かわむらひろしげ》さん（一九五九〜）は客員助教授（のちに客員教授）で、裏千家十五代家元の千玄室《せんげんしつ》さん（一九二三〜）は教授でしたが、もうおひとりお茶をされている教授がいました。小川流煎茶六世家元の小川後楽《おがわこうらく》さん（一九四〇～二〇一六）です。

京都造形芸術大学は、瓜生山《うりゅうやま》とよばれる東山三十六峰の第八峰のふもとにあり、能舞台や歌舞伎の舞台のほかに、茶室もありました。ほどよい晩秋のあるとき、わたしは後楽さんにまねかれて、その茶室で煎茶をいただいたことがありました。茶室のまわりには目の覚めるような紅葉があり、身もこころも洗われるようなひとときでした。

そのころ、わたしはなにがきっかけだったか、岡倉天心《おかくらてんしん》に興味をいだき、かれがつくった茨城県五浦《いづら》にある芸術家村や六角堂などをたずねたりしていました。その延長で、天心の『茶の本』を読んでいたのでした。それを読んで、いろいろとおどろいたことがありましたが、禅の影響だとおもっていたお茶に道教の影響が色こかったことをおしえられたのもそのときでした。それを後楽さんに話すと堰《せき》をきったように、道教とお茶との接点を話してくれたことをよくおぼえています。

そのようなこともあって、お茶という日本文化とその起源に関心をもつようになったのですが、東日本大震災後のある春さきに、北野天満宮で「悲とアニマ」展という展覧会をおこなうことになり、展覧会のほかに、河村博重さんとわたしの鎮魂能舞「天神」の奉納と茶会を開催することになりました。やなぎみわさん製作のトレーラーステージを運んできて、北野天満宮の境内で東日本大震災への鎮魂能舞を奉納演舞するなど、いろいろと破天荒なこころみをしたのですが、親しい友人の陶芸家・造形美術家の近藤高弘《こんどうたかひろ》さん制作のじつにユニークで瞑想的な自像

「REDUCTION」を茶室にかざり、そこでお茶のお点前をしていただくことになりました。

北野天満宮は豊臣秀吉が大茶会を開催した場所です。そんなこともあって、しだいに、お茶とお茶碗への関心をふかめるようになり、千利休《せんりきゅう》（法名・宗易《そうえき》。一五二二～九一）についていろいろな本を読むようになりました。そして、利休のことをしればしるほど、このひとのおこなったある種革命的なイベントにしんそこたまげるようになりました。

あの戦乱の時代、戦国時代のただなかで、武士たちに刀をぜんぶはずさせて、ちいさな茶室に躙《にじ》り口からはいらせる、その絶妙の逆説的な空間デザインの斬新さと文明批評的なパフォーマンス哲学にどぎもを抜かれたのです。

よくぞまあ、この戦国時代の世において、血で血をあらう殺し合いをして、大名やさむらいたちがいのちがけでしのぎをけずっているときに、ピンポイントパラダイスのような、茶室の小宇宙を造形するなんて。その時代を突き刺して、宇宙空間のかなたにとびだしていきそうなお茶の宇宙の深淵さと批評性に、しんそこ感服したのでした。

戦国時代という時代は、下剋上《げこくじょう》の時代です。負の感情どころか、殺（意）の感情の渦巻いていた時代です。そんな時代に、このようなピンポイント平和を、それも絶対的なちいささと、絶対的なしずけさと、絶対的ななにもなさとを演出しながら、仕掛けることができたなんて。

秀吉がつくったという黄金《きがね》の茶室の復元をＭＯＡ美術館でなんども見てきましたが、そんなこけおどしのサプライズどころではない、真のサプライズとセンス・オブ・ワンダーが千利休のつくった茶室空間とお茶の世界にはあると、おもわずにはいられませんでした。

　唐木《からき》順三《じゅんぞう》さん（一九〇四〜八〇）は、『千利休』（筑摩書房、一九六三年）のなかで、「わびは元来、対比においてなりたつものであつた」とのべ、「豪奢」や「過剰」にたいして、「失意」や「落魄」をふくむものが「わび」であると対比しています。また、さかのぼって、「成り上れる者に野暮な豪勢があるとすれば、成り下つた者には侘《わ》びた数寄《すき》がある」と足利義満と観阿弥・世阿弥を対比し、「侘びの境涯にありながら、われとわが命をかける芸をもつたとき、いはゆる侘数寄が生れるのである。侘数寄が茶の道に限定されたのは歴史の条件によるのであつて概念によるのではない。戦国の時代において茶こそ数寄の代表となつたのは、その時代の特質からくるのである」とのべていて、とてもおもしろいのですが、しかし、わたしは唐木さんのいうように「結局において利休は秀吉に対立する批評的存在の域を超えることができなかつた」とはとうていおもえません。

　たしかに、秀吉にたいする対比的批評はあったでしょう。しかし、戦争（喧噪《けんそう》）と静寂という、この時代の「反対の一致」を実現したその逆説的表現は、たんなる批評の域をこえて、別種の宇宙を構築したとおもわずにはいられません。それこそ、「負の感情」とのつき合い方として、メタ（超）な異次元への移行をなしとげたのではないでしょうか？　そう考えることで、未来をもっとおもしろく構想できる仕掛けと種がそこにある、とおもえるのです。

　千利休が提示した文明批評とお茶の宇宙哲学、その空間演出デザイン、すべてが戦乱の世のなかで、まさに「一服」の一期一会をなしとげる身心変容技法であり、負の感情のこえ方であったとおもうのです。

利休の辞世はつぎのようなものでした。

人世七十《じんせいしちじゅう》　力囲希咄《りきいきとつ》
吾這宝剣《わがこのほうけん》　祖仏共殺《そぶつともにころす》
提《ひっさぐ》ル我得具足《わがえぐそく》の一太刀《ひとつたち》　今此時ぞ天に抛《なげう》つ

我も今日まで七十の齢を重ねた。ウンと力み、嗚呼《ああ》と歎じた過去であるが、ソレも何んだ、咄、ナニクソ、我が這裏《しゃり》には金剛王の宝剣がある。霊妙、活機、仏もなく祖もなく、天地一枚の極致を得てゐる。世間の煩累《はんるい》も万物の糾縄《きゅうばく》も、我身には指も触れさせぬぞ。（近重物安口語訳、唐木順三『千利休』筑摩書房、一九六三年、一二九頁）

七十年のわが生涯を顧みると、そこには悲喜・苦楽・得失・栄辱、まことにさまざまなことがあった。しかし、その人生とも今やおさらばじゃ。といって、今のわしには生への執着もなければ死の恐怖もなく、また恩怨もなければ愛憎もない。囲!!咄!!エイッ!!クソッ!!一切合財、これでご破算じゃ。そしてわしのこれから超入する世界、そこは悲喜も苦楽も、得失も栄辱も、さらには迷悟も生死もない絶対の世界である。さあ、これからその世界で自由自在に遊戯三昧《ゆげざんまい》をしようぞ。（芳賀幸四郎口語訳、芳賀幸四郎『千利休』吉川弘文館、一九六三年、三三〇頁）

おなじ年にでた、おなじタイトルの二冊の本の千利休の遺偈《ゆいげ》（辞世の漢詩）の解釈と口語訳として、わたしは近重物安さんの訳より芳賀幸四郎《はがこうしろう》さんの訳のほうをとりたいとおもいます。「遊戯三昧」、そのような哲学や世界観や人生観なしに、あの戦国の世で、あの茶室と茶器と茶の作法をあみだすことは不可能だったと考えるからです。そこから学ぶべきケアの時代の「負の感情」とのつき合い方は、無尽蔵なものがあるとおもいます。わたしもそんな「遊戯三昧」をとくとあじわいたいものです。そして、「生への執着もなければ死の恐怖もなく、また恩怨《おんえん》もなければ愛憎もない」という「おさらば」の哲学を身につけたいとも思います。

けれども、それでもなぞがのこります。利休のいう「宝剣」、「具足の一太刀」とは何なのかというなぞです。芳賀幸四郎さんは、それを、表面上は「切腹にまさに使おうとしている短刀、粟《あわ》田口吉光《だぐちよしみつ》の一刀」とし、どうじに、「差別相対の念慮を截断したところに開ける一味平等の知恵の比喩」とも、「利休が若い時から大徳寺の大林《だいりん》・笑嶺《しょうれい》・古渓《こけい》らに参じて錬磨してきた悟り、さらには彼の全人格の謂いである」とも解釈しています。たしかにそのような文意・文脈とよみとれるかもしれません。

しかしそうだとしても、なおそこに、その「宝剣＝具足の一太刀」が一服のお点前であり、茶器であり、茶事《ちゃじ》、茶室でもあったとよみとりたいおもいがのこります。そして最後の最後に、漢詩から短歌にスライドし、「剣《けん》」から「太刀《たち》」へと変容して天にむかって飛んでゆく〝魂〟に手をあわせたくなるのです。

相談「習い事をいろいろとしてきましたが、身につきません。どうすればよいのでしょうか」

世阿弥の主著『風姿花伝』の冒頭は、「年来稽古《けいこ》条々」という章です。その章で、世阿弥は、能役者として学ぶ者が、子どものころから年老いてゆくまでに、どのような過程をたどっていくか、そこでの特徴や課題はなんであり、それをこえていくと、どのような世界がひらけてくるかについて、くわしく説明しています。

具体的には、「七歳」、「十二、三歳」、「十七、八歳」、「二十四、五歳」、「三十四、五歳」、「四十四、五歳」、「五十有余歳」という七つの年齢区分にしたがって解説しています。そして、能役者のライフサイクルやライフヒストリーに即した演技課題と特徴を示します。

能の稽古は、だいたい七歳からはじめます。稽古は自然とはじまるのがよいといいます。この時期は「心のままにせさすべし」。あれこれと教えず、叱りすぎてはいけない。気力が減退して、やる気をなくすから。あまり教えずに、自然に。それがこの時期の稽古だとします。

つぎに、十二、三歳。この時期は、童形《どうぎょう》姿の優美さと華やかさがありますが、しかし、この時期の花は、「誠の花」ではなく、「時分の花」なので、過大評価はできないと注意をうながします。この時期も、こまかな物まねなどをさせるべきではなく、やりやすいところを、「花に当て」て、優美さを確実に身につけさせ、基礎固めする時期であるといいます。

つづいて、十七、八歳。最初の大きな関門が、この時期になります。なぜなら、第二次性徴で、声変わりし、身長がのび、体形が童形から大人びたものに変わっていくからです。ひじょうに不安定な時期で、子どもらしいのびやかな優美さは消え、愛くるしさもないので、じぶんの体であってじぶんの体でないような不自然さを、本人じしんが自覚することになります。だからこそ、この時が肝腎かなめのときで、生涯の境目はここにあるのだと自覚し、なにくそと石にかじりついてでもこの道をまっすぐ歩むほかないといいます。この時期の覚悟の有無が一生を分けることになります。

つぎに、二十四、五歳。この時期には、基礎が確立します。「当座の花」があるので、「立合勝負」に勝つことがあるけれども、しかしこれは、「一旦の心の珍しき花」であって、まだまだ「誠の花」ではない、ということをよくよく承知しておかなければならないといいます。とはいえ、「この比《ころひ》の花こそ初心」なので、「時分の花」であることを承知しつつも、「初心」を忘れないように精進する必要があるとさとします。

つづく三十四、五歳は、「盛りの極め」の時期になります。精進努力したひとは「堪能」になり、「天下に許され、名望を得」ることができるといいます。もし、この時期に世間の評価も得られず、評判も地位もかんばしくない状態であるなら、それは、「誠の花を極めぬ為手《して》」なのだから、真の花を体現・体得できていないということを肝に銘じてしるべきだと、ちょっとざんこくなことを世阿弥はいっています。この時期に、「誠の花」を感得していなければ、四十歳をすぎると、あとは、下降線をたどるしかないのだ、とも。だから、芸の上達は、三十四、五歳までで、下降は、四十歳からとこころえよ、といいます。であればこそ、慢心することなく「なほ慎《つつし》むべし」、奥儀を極めるべく「稽古」せよと世阿弥は説くのです。

つぎに、四十四、五歳ですが、四十歳をさかいに、ほんとうの「上手」や名人以外のおおくの能役者は、下降線をたどることになります。だから、この時期からは、やり方を変える必要がある。そのためには、すぐれた助演者を見つけて、その助演者とうまくバランスをとって、ひかえめに演じることが、「我が身を知る心」で、「得たる人の心」、つまり、達人の芸境だとします。その自覚がなければ、「花」を維持することができないのだ、と。ここで、わが身を知り、得たる心があれば、生涯消えることのない「失せざらん花」「まことの花」を保つことができると希望をもたせます。

そしてついに、能役者が「五十歳以後」になったとき。逆説的ですが、「しない」という「やり方」で、やりとげるしかない、といいます。ほんとうに「誠の花」をきわめた能役者なら、これまで得意としてきた演目の数々がみな演じがたく、見ばえも見どころもすくなくなっても、そこに「花」は残っているとひと筋の光をのこしています。世阿弥は、じぶんの父の観阿弥《かんあみ》が「誠の花」を保っていたとたたえます。

このように、『風姿花伝』は能役者の生涯を示し、芸境の変化と課題と可能性をかたりつくしていて、とても参考になります。

さてそこで、結論です。もし習いごとが身につかないとおもっても、つづけることには意味があります。かならずやそれは、そのひとの経験の一部ですし、ちからになっています。

わたしは、二十歳のころから、毎朝かならずいろいろな笛をふいています。それによって、さほど上達していないかもしれません。しかし、それはわたしの朝ごはんでもあり、元気活力のもととなっていることはたしかです。

わたしの祖母はわかいころ、徳島で芸者をしていました。かのじょのくちぐせは、「芸は身を助ける」というものでした。祖父母といっしょに生活していたわたしは、祖母のことばをそのとおりだとおもっています。いつも、そのことばをかみしめます。習い事が身につくか、つかないか、短期的なスケールではかりきることはできないとおもうのです。

謡《うたい》であれ、お茶であれ、合気の道であれ、ぜひ、ごじしんと縁のある習い事をつづけてほしいとおもいます。それがあなたの縁であり、道であるとおもうからです。

付録　新作鎮魂能舞の台本

　世阿弥の能楽理論の根幹に、陰陽の理論と「言語道断、心《しん》行所滅《ぎょうしょめつ》」の論理があります。すべては陰陽のくみあわせであるというメカニズムと、もうひとつは、そのようなメカニズムが断滅する無心や空のメタ境涯があります。その世阿弥の著作をすべて講読する「世阿弥研究会」をこの十二年、京都在住の観世流能楽師の河村博重さんといっしょに、月一回のペースでおこなってきました。その過程で、すでに十三回、「能舞」という二人能の新作をつくって上演してきました。

　東日本大震災後、宮城県石巻市の雄勝町の葉山神社と同市北上町の釣石《つりいし》神社で、津波で流された社殿の竣工遷座《せんざ》奉祝祭がおこなわれたとき、わたしたちは「鎮魂能舞」と冠した新作能舞を奉納させていただきました。そのときの台本二本をひとつの創作事例として載せておきます。

2015年9月20日　葉山神社で

「鎮魂再生能舞　葉山・石峰」
歌詞　二〇一五年七月七日作
能舞：河村博重＋音霊：鎌田東二

（法螺貝奉奏）

謡：「ちはやぶる〜」

〈序章〉　探すために生きてきた

探すために生きてきた　探し求めて生きてきた
夢を求めて生きてきた　道を求めて生きてきた
1 2 3 4 5 6 7 8 9 10　果てしない
1 2 3 4 5 6 7 8 9 10　切りがない
1 2 3 4 5 6 7 8 9 10　とめどない
1 2 3 4 5 6 7 8 9 10　終わりない
探し求めて生きてきた　愛を求めて生きてきた
時を求めて生きてきた　夢を求めて生きてきた

1 2 3 4 5 6 7 8 9 10　果てしない
1 2 3 4 5 6 7 8 9 10　切りがない
1 2 3 4 5 6 7 8 9 10　とめどない
1 2 3 4 5 6 7 8 9 10　終わらない

探し求めて生きてきた　夢を求めて生きてきた
愛を求めて生きてきた　道を求めて生きてきた

1 2 3 4 5 6 7 8 9 10　果てしない
1 2 3 4 5 6 7 8 9 10　時がない
1 2 3 4 5 6 7 8 9 10　当てがない
1 2 3 4 5 6 7 8 9 10　道がない

〈第一楽章〉　も一度君に逢えるなら

遠い遠い遠い　海の果て
深い深い深い　海の底
長い長い長い　時を翔け
荒い荒い荒い　波の中

　光は消えて

　命も消えて
　闇の中に　沈む
なぜ
なぜ

神も仏もあるものか
すべてを攫《さら》っていったなら
神も仏もあるものか
祈りの言葉も届かない

神も仏もあるものか
も一度君に逢えぬなら
神も仏もあるものか
も一度君に逢えぬなら

遠い遠い遠い　地の果て
深い深い深い　波の底
長い長い長い　時を超え
光る光る光る　波の上

　光を求め

　命を求め
　闇を抜けて　往く

嗚呼
嗚呼

神も仏もあるはずだ
すべてのいのちの元だから
神も仏もあるはずだ
すべての意味の元だから

神も仏もあるはずだ
祈りの言葉が届くなら

神も仏もあるはずだ
も一度君に逢えるなら
神も仏もあるはずだ
も一度君に逢えたなら
神も仏もあるはずだ

（激しい石笛の響き）

〈第二楽章〉　永訣の朝

ぼくがきみと出会った朝　遠くの星が泣いていた
いつか別れの時が来ると　遠くの星が泣いていた
いつだって　どこでだって　探していたのに
こんな星の下　この時ばかりは　泣いたよ

ぼくがきみを想い出すたび　遠くの星が泣いている
もう二度と帰らぬ日々と　遠くの星が泣いている
風に吹かれて　ぼくは旅をする　忘れることも出来ずに
こんな星の下　この時ばかりは　泣いたよ

ぼくがきみと別れた朝　遠くの星が泣いていた
いつかまた出会うときが来ると　遠くの星が泣いていた
いつだって　どこでだって　探していたのに
こんな星の下　この時ばかりは　泣いたよ

いつだって　どこでだって　探していたのに
こんな星の下　この時ばかりは　泣いたよ

（柔らかな横笛の響き）

〈第三楽章〉　ふるさと

光りを失くしたその日から　海を見つめる日々だった
遠い記憶の彼方から　流れ出てくる水を待つ
遥かに煙る戦火さえ　愛しきものと消え去りし
嗚呼　夢の跡　嗚呼　夢の城　水の惑星　愛しのふるさと

どこへなりとも行かねども　声も聞こえぬふりをして
耳を澄まして天仰ぐ　両手を開いて今受ける
あらゆるものが愛おしく　すべてのことが懐かしく
嗚呼　夢の跡　嗚呼　夢の城　水の惑星　愛しのふるさと

消えて終って無のしじま　終わりしものは声も無し
騒がしきもの汝らよ　声なき声に耳済ませ
愛しきものを呼び覚まし　すべてのいのち懐かしむ
嗚呼　夢の跡　嗚呼　夢の城　水の惑星　愛しのふるさと
嗚呼　夢の跡　嗚呼　夢の城　水の惑星　愛しのふるさと
水の惑星　愛しのふるさと

謡「天下泰平、国土安穏、天下の御祈祷なり、在原や」

〈終章〉　弁才天讃歌

オンソラソバテイエイソワカ　オンソラソバテイエイソワカ
オンソラソバテイエイソワカ　オンソラソバテイエイソワカ
オンソラソバテイエイソワカ　オンソラソバテイエイソワカ
オンソラソバテイエイソワカ　オンソラソバテイエイソワカ

天の川清く流れ　地上に光の帯となって　緑の大地を育み
世界に夢の帯となって　心の絆を結ぶ
弁才天　輝け
弁才天　宇宙へ
弁才天　響かせ
弁才天　天翔ける

オンソラソバテイエイソワカ　オンソラソバテイエイソワカ
オンソラソバテイエイソワカ　オンソラソバテイエイソワカ
オンソラソバテイエイソワカ　オンソラソバテイエイソワカ
オンソラソバテイエイソワカ　オンソラソバテイエイソワカ

天の星遠く流れ　地上に光の帯となって　魂の道を照らし
世界に虹の橋となって　国の境を超える
弁才天　あふれ出せ

弁才天　世界へ
弁才天　響かせ
弁才天　魂翔ける

オンソラソバテイエイソワカ　オンソラソバテイエイソワカ
オンソラソバテイエイソワカ　オンソラソバテイエイソワカ

オンコロコロセンダリマトウギソワカ
オンコロコロセンダリマトウギソワカ

オンソラソバテイエイソワカ　オンソラソバテイエイソワカ
オンソラソバテイエイソワカ　オンソラソバテイエイソワカ
オーム

（法螺貝奉奏）

釣石神社再建奉祝・鎮魂能舞「北上」
二〇一六年五月三十日作詞作曲

（歌）北上遥けく　滔滔と流る
海幸山幸　はじけるいのち
友と語らい　明日を夢み
今日の喜びを　常永久に

（語り）平成二十三年三月十一日午後二時四十六分、三陸沖から真っ黒な壁のような高浪が一挙に北上川に押し寄せ、みるみるうちに、家々を、田畑を、山野を呑み込んでいった。

東の海の彼方から、巨大な妖怪のような真っ黒い塊が北上川を逆流し、見る見るうちに沿岸の集落を、家々を呑み込んでいった。避難指示を待って校庭に待機していた対岸の大川小学校の大勢の児童たちも呑み込まれていった。

逆らうことのできない自然の振る舞いではあり、まさに自然とは、そのような自然の律動に従って動き、はたらき、現象するものであるとはいえ、人間世界の暮らしに多大な被害と悲惨と痛みをもたらすことも歴史の事実であった。

およそ千百五十年前、貞観十一年（西暦八六九年）旧暦五月二十六日、三陸沖で大地震が起こった。時の歴史書『日本三代実録』には、〝流光が真昼のように照らし、人々は叫び声をあげて倒れ伏して起き上がることもできないほどだった。家の下敷きになって圧迫死する者や、割れた地面に埋もれる者が続出するありさまで、驚愕した牛馬は奔走し、城郭や倉庫や門や壁など倒壊建築の数も数えられない。海が雷のように吠え、盛り上がった高波が城下に押し寄せ、海から数十百里もあるところまで果てしないくらい波に呑まれ、原野であるか道路であるかもまったくわからず、船に乗る間も山に登る間もなかったので溺死者は千人も出た。そして、家財も苗も、何も残らなかったほどの大災害であった〟と記されている。

その貞観大地震に比するような大地震が平成二十三年（西暦二〇一一年）三月十一日午後二時四十六分に起こったのだった。

嗚呼　無情なり　嗚呼　無常なり

この貞観大地震発生時の天皇は清和《せいわ》天皇、政務は、摂政太《せっしょうだ》政大臣《じょうだいじん》藤原良房《よしふさ》が司っていた。本釣石神社の御祭神天児屋《あめのこや》根命《ねのみこと》は、長く日本の政務を担当してきた摂関家の藤原氏・中臣氏の祖先神である。

南無阿弥陀仏　救いたまえ　神ながらたまちはへませ　助けたまえ

平成二十八年六月十九日、東日本大震災から五年と三ヶ月、氏子崇敬者、また岐阜県南宮大社などの支援を受けて、宮城県石巻市北上町字追浜《おっぱま》に鎮座する釣石神社の新社殿が竣工なり、かくも盛大に奉祝行事が営まれることになった。

その復興・再建を祈り祝う、奉祝のみ祭に際し、今ここに、京都市在住の観世流能楽師・河村博重と鎌田東二が共に心を込め、魂を込めて、「鎮魂能舞　北上」を奉納申しあげるものである。

神ながら　たまちはへませ　神ながら　たまちはへませ

北上遥けく　滔滔と流る
この麗しき　山河海
心尽して　みたまを悼《いた》み
亡くしたいのちを　忘るまじ

二、夢にまで見た君ゆえに

夢にまで見た君ゆえに　ひとつかみまでさくゆえに
祈りを込めて届けたい　心尽きるまで果たしたい
仰ぎ見る空と

夢の果てまで君探し　この世の果てまで君恋し
届かぬ思いを見届けて　いのち尽きても届けなむ
落ちて往く空へ

　一日過ぎたら戻れない　時の流れに身をまかせ
　この世の果てまで追いかけて　星のかけらとなりにけり

夢の奥まで迷い来ぬ　風に吹かれてさ迷いぬ
どこまで行けども果てしない　祈りの果てまで身を投げて
飛び惑う夢よ

夢にまで見た君ゆえに　ひとつかみまでさくゆえに
祈りを込めて届けたい　心尽きるまで果たしたい
仰ぎ見る空に

三、神

この苦しみの中に神が在る　この悲しみの中に神が居る
神は森に住んでいるけれど　人の心の森にも住んでいる

この激しさの中に神が在る　この慎みの中に神が居る
神は海に住んでいるけれど　人の心の海にも住んでいる

開け天地　吹けよ山河　つながれ天地　結ばれよ山河

この痛みの中に神が在る　この静けさの中に神が居る
神は天に住んでいるけれど　人の心の天にも住んでいる

この喜びの中に神が在る　この祭りの中に神が居る
神は祭りに現われるけれど　祈る心の中にも現われる

開け天地　吹けよ山河　つながれ天地　結ばれよ山河

四、弁才天讃歌（前掲）

オンソラソバテイエイソワカ（八回）

天の川清く流れ　地上に光の帯となって　緑の大地を育み
世界に夢の帯となって　心の絆を結ぶ
弁才天　輝け　弁才天　宇宙へ　弁才天　響かせ
弁才天　天翔ける

オンソラソバテイエイソワカ（八回）

天の星遠く流れ　地上に光の帯となって　魂の道を照らし
世界に虹の橋となって　国の境を超える
弁才天　あふれ出せ　弁才天　世界へ　弁才天　響かせ
弁才天　魂翔ける

オンソラソバテイエイソワカ（八回）
オーム

神ながらたまちはへませ　神ながら
神ながらたまちはへませ　神ながら

（アカペラで　ゆっくりしずかに）

北上遥けく　滔滔と流る
この麗しき　山河海
心尽して　みたまを悼み
亡くしたいのちを　忘るまじ

（ゆったりと　法螺貝奉奏）

2016年6月19日　釣石神社で

あとがき

新型コロナウイルスの感染拡大にともなって、これまでのような自由な移動はできにくくなってしまった。

高校生のころから、ひとり旅をし、あちこちでかけていたので、これほどながくあちこちにでかけないのは、小学生のときいらいかもしれない。

しかし、小学生のころ、わたしはよくひとりで森にはいった。森にはいって、木刀や木切れで素振りをした。そして、大木を妖怪のような相手に見立てて、面とか、胴とか、小手とかと、うちこんでいった。春夏秋冬の森のなかで、あきもせず、そんなことをしていた。

コロナ禍のなか、いまも、おなじようなことをしている。一週間に一度か二度、かならず比叡山にのぼって、森のなかで、森の魚くんとか、妖怪くんとか、モアイくんとか、サルタヒコさんとか、プラトンさんとか、お地蔵さまとかにはなしかけて、あるいは、手をあわせて、般若心経や真言をとなえたりして、バク転三回する。いのりとして。ひとりまつりとして。天に一回。地に一回。人に一回。ひとり礼拝の儀式としてのバク転。

七十歳、古希を目前にして、バク転をするのは、ちょっと勇気がいる。もしかして、失敗したら、首の骨を折って死ぬかもしれない。死なないとしても、大ケガをする。ことによると、骨折ですまず、うごけなくなるかも。

しかし、じぶんのなかにたまっているものをリセットするには、なにか、放下するような、みずからをうちすてるような、なにか、献身のというか、変身のというか、身をささげるような回路が必要なのだ。いのちがけだが、いのちをこえるひと筋のみち。

これまで、なんさつか、本を書いてきた。わたしの本は、漢字がおおくて、むつかしいとよくいわれる。内容がむつかしいのなら、納得するが、内容ではなく、神さまの漢字とかがおおくて、読みにくく、わかりにくい。だから、むつかしい、らしい。

しかたないな。とおもうけど、それでもいいともおもうけど、でも、わかいひとや、いろいろなひとに読んでもらいたい、とおもう。そして、すこしでもヒントになったり、ちからになったりすることがあったら、ほんもうだ。ありがたい。

この本は、これまで書いてきたわたしのどの本よりも漢字がすくない。だから、読みやすくなっているはず。でも、ほんとうは、キリスト教や仏教や道教や神道など、それぞれの宗教は、とってもわかりやすいところと、神秘ふかしぎで、とてもわかりにくく、なぞで、深遠なところと、両方ある。だから、やさしく書こうとしても、書ききれない。むつかしいというか、わからないところがいっぱいあるのだ。

　にんげん、七十歳になっても、わからないところだらけだ。わかっているとおもっていたことも、あやふやになる。ふたしかになる。ほんとにそうなの？　と、おもうことも、しばしば。

　この本は、淡交社というお茶の本をたくさんだしている出版社からだしてもらった。きっかけは、編集担当してくれた萩野谷龍悟さんが、京都大学でポケゼミ「沖縄研究」をしていたときに、一回生で参加してくれていたことにある。萩野谷君はとてもまじめな、端正な青年で、こころやさしくおだやかで、茨城県から京都にやってきて、そして、文学部にはいって、西洋庭園史をまなび、修士課程まですすみ、修了してから、淡交社という出版社にはいった。

　その萩野谷君かられんらくがきて、いま、淡交社につとめているので、ここから本をだせないか、というそうだんがあった。淡交社は、いぜん、女性編集者から本をだしましょうといわれたことが一度あったが、うまく進まなかった。

　しかし、こんどはちがった。新型コロナウイルスのために、家にいる時間がながくなり、本を書く時間ができたからかもしれない。いや、そうじゃない。萩野谷君がおだやかに、そしてうまくうながしてくれたからだろう。こうして、本ができあがった。漢字のすくない本が。ありがとう。萩野谷君。そして、淡交社のみなさま。

新型コロナウイルスや自然災害や戦争や飢餓で苦しみ、支援をまっているひとがたくさんいる。ちょくせつ、そのようなひとたちにとどけられるものはない。じぶんは非力だ。でも、まわりまわって、いろんなものをとどけることのできるようなつながりはできる。いっさつの本をとおしても、そのような回路をうみだすことはできる。出版社と読者と、そしていまだ本など読んでいないおおぜいのひとびととをむすぶちからがうまれる可能性はある。

未来はあかるいとはけっしていえない。でも、未来はぜつぼうてきだとか、きぼうがないとも、いえないし、いいたくない。じぶんにできること、できないこと、どちらもふくめて、つながりというか、縁というか、むすびというか、いつしか、ふしぎな接続がうまれてくるのだ。ぼくも、この本も、そんな接続点のひとつになりたい。

さいごに、この本のキリスト教の章について、畏友鶴岡賀雄さん（東京大学名誉教授）と大柴譲治さん（日本福音ルーテル教会総会議長）の閲読とアドバイスをうけたことをこころより感謝します。

二〇二〇年一〇月二〇日　かまたとうじ　はい

ひとたびは　てんにむかいて　てをあわせ
もうひとたびは　いずこのひとに

鎌田東二（かまた とうじ）

一九五一年徳島県生まれ。國學院大學大学院文学研究科神道学専攻博士課程単位取得退学。博士（文学）。岡山大学大学院医歯学総合研究科社会環境生命科学専攻博士課程単位取得退学。現在、京都大学名誉教授、上智大学大学院実践宗教学研究科特任教授、同大学グリーフケア研究所所員。著書に『聖地感覚』『古事記ワンダーランド』（ともに角川学芸出版）、『超訳　古事記』（ミシマ社）、『スピリチュアルケア』（編著、ビイング・ネット・プレス）、『世直しの思想』（春秋社）、『世阿弥―身心変容技法の思想』『言霊の思想』（ともに青土社）、『南方熊楠と宮沢賢治』（平凡社新書）など多数。フリーランス神主、神道ソングライターとしても活動し、ライブや新作能舞を上演している。

装丁・組版　瀧澤弘樹

ケアの時代
「負の感情」とのつき合い方

2021年2月5日　初版発行

著　者　鎌田東二
発行者　納屋嘉人
発行所　株式会社 淡交社
本　社　〒603-8588 京都市北区堀川通鞍馬口上ル
営業　075-432-5151
編集　075-432-5161
支　社　〒162-0061 東京都新宿区市谷柳町39-1
営業　03-5269-7941
編集　03-5269-1691
www.tankosha.co.jp

印刷・製本　亜細亜印刷株式会社

ISBN978-4-473-04427-3